这样买保险不吃亏

保险行家手把手教你买对保险

何四炎 / 著

浙江人民出版社

保险业还有多远的路要走

随着时代的发展和进步，保险已经越来越多地走进寻常百姓家。在我国，已经超过 6 亿人拥有长期人寿保险保单，超过 10 亿人拥有过保险，或者和保险公司打过交道。但即使如此，保险也没有真正走进人们的心中，大部分人还不是真正地接纳保险、认可保险，更谈不上主动购买保险。

我无数次问自己，保险业、保险人，还有多远的路要走？

即使很多人拥有了保险，可能还是非常被动地被推销才接纳，或者因为人情而不得不购买，导致很多人对保险这个本来非常有价值的金融工具有颇多的误解。

说起保险，人们还是习惯性地排斥，习惯性地认为保险骗人，习惯性地觉得保险的"坑"太多，习惯性地觉得保险就是"两个不赔"——这个也不赔那个也不赔。这些习惯认知体现了普通消费者对保险还存在着太多的偏见，因此保险业以及保险人的路还非常漫长。

但无论如何，请您相信，银行是资金的中转站，证券是经济的发动机，保险是家庭和社会的稳定器。保险是社会发展的趋势和人类文明的智慧产物，越来越多的人拥有保险是时代的必然，因为拥有保险体现着一种先进的、合理的、科学的生活方式。

庆幸的是有何四炎老师这样一批先行者、探索者，他不仅仅代表作者，还代表了保险行业那些致力于维护行业声誉、执着于专业化经营的保险人。他们接受了良好的教育、深谙保险对民众生活的重要性、对万千家庭的必要性。他们用自己的学识、眼界、经验和热忱，为保险行业、为社会大众矢志不渝地倾心奉献，引导、教授大家科学认识保险，正确拥有保险。他们借助保险的力量在点亮自己的同时，也照亮了保险行业，造福无数个家庭，照亮这个时代和未来。

何老师的新书，字里行间透露着一个老保险人对行业的深刻理解和睿智洞察。我相信他的文字一定能给保险老将注入新的力量，为保险新人带来实用的方法，引领保险消费者穿透层层迷雾，为保险代理人提供丰富而有价值的新认知、新思路、新方法，为在保险业的道路上执着前行的人提供实战的指导和精神的慰藉。

在这里，我不能代表全体保险代理人，也不能代表整个保险行业，但我只想用自己朴素的语言郑重地和每一位读者分享，认真捧起它，多读几遍，你会有不一样的收获和感悟。

何老师的文字充满灵性，激荡着智慧，在实操和技巧中盘旋前进，在真诚和细致间行走。感谢他的文字，感恩他的用心，感激他的分享，感动于他二十年如一日的坚持。他的文字给我们启迪，帮助我们了解保险业发展的脉络和历史，不仅给予我们实实在在的帮助和指导，也给未来的保险人在研究中国保险营销发展历史时留下最宝贵的素材。在中国保险营销史中，保险人对行业有着怎样的认知，消费者对保险有怎样的理解，我们在前进的过程走过哪些弯路，至少都让我们找到了参考的依据。

保险业还有更漫长的路要走，幸好还有像何老师这样的一批人。他是一个缩影，是推动保险大时代前进的行业专家，正是因为一个又一个这样可贵的踽踽独行者，这些年来中国保险业才会高歌猛进。

谢谢何四炎老师，谢谢这位为保险业健康发展做出奉献的智者，谢谢他的文字。谢谢每一位读到此书的人，因为有您，才让我们这个时代和保险事业更上一层楼。

林海川

2021 年 8 月

山巅对月定禅心

不知道该如何称呼何四炎先生，何老师、四炎先生……不同的称呼呈现的是他在我心中不同的分量和价值。

真正成功的人生，一定是精神丰满的，它使人富有生气，令生命愉悦和绽放。

四炎先生做到了，他恬静、淡然、专注而痴迷。痴迷于理论的纵深探索，陶醉于布道的浅显传播。

欣闻何老师的新作即将付梓，我内心莫名地感动：一个人的成功，不是用地位、声望、金钱衡量的，而在于有多少人因他受益、成长、成就，又有多少人在内心深处记住他并深怀感恩。

我和四炎先生结缘已有20多年，见证了一位保险专业的学士、硕士、博士的求索与成就之路，更懂得了他为何钟情于"马拉松"长跑，既是对体力的锻炼，更是对灵性的陶冶。

作为从业近30年的老营销人，我虽是行业的受益者，但心怀惭愧，我们这代保险人把高端的金融服务业，硬生生地做成了"零售"销售业，是时候转变观念了。

四炎曾给行业人士写过一本书——《保险36计》，颇受好评。而新书是写给消费者看的，从业人员当然也应该看，研读之后就知道该如何回归咨询服务的本位，回归保险之于国计民生的崇高价值了。

何老师托我为他的新作写几句话，我就把我们共同的老乡、前辈孙智先生的对联送给他，也送给所有的读者朋友，是为序。

　　湖畔闻荷生佛性，山巅对月定禅心。

于文博

2021 年 9 月于北京

保险是闻起来香、吃起来甜的"百香果"

何四炎博士研究保险专业多年，深耕保险行业数载，著作等身，业绩卓著，是名副其实的保险专家、培训名师、实战大咖。尽管他身份多元，在行业和企业身兼多项高管职务，但对我而言，最有分量的身份应该就是"嫡亲同学"了。相较普通读者，我多了一份幸运和"特权"：每每在他的新作付梓之前，我总能作为特约读者，先睹为快。出于对同学的天然信任，何博士总能毫无保留地和我分享他的大作初稿，希望我从不同的视角去审视和点评他的作品。虽然我多年从事教育出版工作，但就保险专业而言，我还是外行，是"小白"，拜读老同学的作品，就是欣赏，更是学习。

保险，对很多中国人来说既熟悉又陌生，有人将它看作锦上添花的奢侈品，有人将它看作雪中送炭的必需品。无论您腰缠万贯还是囊中羞涩，人生都有"三怕"：怕活得太短，怕活得太长，怕活得太惨，而保险就是我们人生的"抗震器"和"稳定器"。

我对作者提出的"生命论"感触很深：人有三种生命，即肉体生命、精神生命和经济生命。作者认为保险能延长人们的"经济生命"。其实我认为"肉体生命"和"精神生命"的品质提升又何尝不是通过购买保险来实现的呢？

拜读原稿，不难发现其作品思路清晰，结构合理，逻辑严谨，案例丰富；视角独特，语言朴实，诙谐幽默，通俗易懂。作者见得多、写得出、讲得透，将复杂的系统的保险知识和操作实践深入浅出地娓娓道来，能让我们这些"小白"读者看得懂、学得会、用得上，如醍醐灌顶，使人豁然开朗。我想，很多读者可能会跟我一样，对保险一知半解，不是纠结于买不买保险，而是困惑于买什么，怎么买；还有，万一出险后，做什么，怎么做，被保人权益是什么……就这些内容，作者在书中给出了清晰的答案。此书能教会我们在购买保险时做到理性、专业、周到、安心，在申请理赔时，看得见、摸得着、拿得到。

作品干货满满，我想，书中内容会改变很多人对保险的认知，发觉保险并不是闻起来臭、吃起来香的"榴梿"，而是闻起来香、吃起来甜的"百香果"。

薄言浅见，是以为序！

周俊华

2021 年 8 月

此书引导您投保并保证安全

什么是保险？为什么要买保险？谁需要买保险？什么时候买保险最合适？……这本书回答了读者们最为关心的话题，并清楚地解释了这个非常珍贵的产品（服务）带给普通消费者的价值。

1980年，我在新加坡有一份"铁饭碗"的工作。有一天，我最亲密的朋友邀请我和一位保险代理人共进午餐。他们讨论保险的话题，我虽然一无所知，却对保险这个新鲜玩意儿感兴趣了，我决定砸了我的"铁饭碗"，加入保险的美好世界。从此，我在新加坡、东南亚地区和中国从事保险业，直到27年后退休。

在不同文化、语言和经济发展水平的地区工作后，我意识到：尽管不同年龄、不同职业、不同婚姻状况、不同健康状况的消费者需要购买的保险不同，但保险的必要性的原则是相同的。很高兴这本书能够启发消费者，让他们明晰自己需要的保险产品。

过去40年，亚洲的保险市场发生了巨大的变化，中国经济一路高歌猛进，保险市场也发生了巨大变化。与1995年我第一次来中国相比，保险行业在人们参与和收取保费方面确实取得了长足的进步。人寿保险和非人寿保险都取得了同样令人瞩目的成绩。

实际上，每个消费者都需要保险，无论是个人还是企业。2020年，由于全球新冠肺炎疫情的暴发，数百万家庭的生活发生了剧烈的变化，很多人和企业陷入困境，如果有足够的保险，情况就会大不同。

我强烈建议您以开放的心态阅读本书，并了解自己的保险需求。积极投保并保证安全！

谢树锦

2021 年 3 月 15 日于新加坡

前　言

保险已经走进千家万户，成为人们生活中的必需品。人的一生，倾心于两件事，一是珍惜拥有的，二是追求想要的。归根结底是对美好生活的向往。

美好的人生旅程应该是这样的：幼年的童趣、少年的狂野、中年的潇洒和老年的气定神闲。刚刚好，人寿保险，可以保障人们从摇篮到百岁的人生全过程，使自己和家人拥有抵御风险的经济保障，为人生各阶段的美好生活保驾护航。

尽管我们深知人寿保险对于生命保障的重要性，然而，保险的市场口碑一直不好。有人戏称，买保险只有两种情况不赔：这也不赔，那也不赔，最不保险的事情就是买保险。不少老百姓还认为，买保险，买的时候千好万好，赔的时候千难万难。

然而，这是真的吗？答案显然是否定的。

商业保险作为市场经济的产物，在我国出现得相对较晚。尽管1979年中央就下发了《关于恢复国内保险业务和加强保险机构的通知》，但真正有商业保险理论支撑并得到实质性发展，是在1984年武汉大学保险教研室张旭初教授提出"保险商业化"之后，直到1996年中国人寿保险才一分为三，同一时期太平洋保险、平安保险等保险公司实施产寿分离，我国的人寿保险开始专业化经营。

我正是在这一年进入保险行业的。在长期的保险一线工作中，我穷尽所能思考保险的真正价值，最后得出的结论是，保险可能有千百种解释，但归根结底，保险其实是"心与心的交流"，这是一种有温度的产物。这是爱心的"四大准备":是年轻时为年老时所做的准备,是平安时为意外时所做的准备,是健康时为疾病时所做的准备,是生前财富向身后传承所做的准备。只要是年轻的人、健康的人、平安的人、有财富传承需求的人,他们就是需要也是有资格购买保险的人。

保险作为未来某个不确定时期消费的无形产品,每一款产品都是由专业的保险精算师设计和定价,通过中国银行保险监督管理委员会核准才能上市销售的,事实上每一款产品对消费者都是有益无害的。那么,消费者为什么常常误会保险或者买错保险呢?保险代理人的职业水平参差不齐、销售误导等可能是原因之一,更主要的原因还是消费者只是听说保险,并不真正懂保险。事实上,很多人只有在生病了才会想到去买保险,只有在出了意外才突然想到买保险,只有在快退休了才着急想去了解保险……这些都是极大的误区。不知道自己有没有资格购买保险,把保险和理财、投资混为一谈的大有人在,甚至拥有高学历的人群对此也常常是一知半解。纵观以上普遍现象,消费者不理解保险,对保险"爱恨交加",也就不足为奇了。

正是基于上述原因,市场上迫切需要有一本通俗易懂、一看就明白的保险导购权威图书,来帮助消费者又快又好又省钱地买保险,来指导消费者买保险不吃亏。

本书作为写给数以亿计中国保险消费者购买保险时的首选工具书,旨在为消费者购买保险时做出专业指引。为确保消费者能买到"对"的保险,获得"又好又快"的赔付,我试图用浅显易懂的文字告诉消费者什么是保险,揭秘保险的真相,说明保险与银行的异同,深入浅出地阐述社会保障与商业保险的区别,保险公司破产了怎么办,如何选择保险代理人,个人和家庭该如何科学配置保险,怎样做家庭财富传承,女人、男人、小孩和老人分别该怎样买保险,重大疾病保险、医疗保险、养老年金、少儿保险、分红保险、万能保险、投连保险等,遇到赔付时该如何理赔,不赔该怎么办,消费者该如何有效维护自身的保险权益……基本上做到了面面俱到并有所侧重。

为了方便读者更好、更轻松地理解全书的内容,我和本书的策划编辑对书稿的内容和结构作了精心设计,对部分内容相对专业的章节加上了简明扼要的"要点总结"。全书中的知识表述都是遴选最贴近消费者需求的必备内容,其中的经典案例都是日常生活中有关的保险真实写照。对于消费者在购买保险和保险理赔时所遇的疑点、难点或者困惑,本书都力求简明扼要地给出权威答案或结论,帮助消费者排忧解难、安心放心买保险,避免踩到买保险的各种坑。

何四炎

2021 年 5 月于北京

目 录

第一章

保险到底保险不保险

本章对消费者最常见、最关心的问题作了详尽的讲解。向读者阐述了保险的本质，让读者清晰地明白，为什么人们时常会错误地认为保险是骗人的，为什么保险是特殊的银行，买保险时加费、拒保是怎么回事，买保险能否返本，保险公司破产了怎么办……

保险都是骗人的吗

保险已融入人们的日常生活中，成了家家户户不可或缺的保障。买保险是做风险管理，等风险降临时可以从容应对，如果不买保险，灾难发生时，就构成了危机事件，不做风险管理，就要做危机管理。

一定意义上，保险就是钱，当我们最需要钱的时候，保险就是急用的现金。

风险无处不在，唯有人寿保险，能解决人生中意外的重大经济问题。出事的时候，人们总说，买保险了没有？住院了，人们第一句话往往是问，买保险了没有？出险了第一反应是找保险公司，财产也是一样，开车出事故了，第一句话同样是，买保险了没有？保险如此重要，保险如此深入人心。然而，与此同时我们常常会听到"保险是骗人的"这类声音。

人人内心都知道保险好，保险就是保障！如果保险公司告示赠送保额为50万元的终身重大疾病保险，排队前100名有效，免费赠送。那么保险公司门前一定会排起"长龙"来领取赠险。我们若细心观察会发现，排队靠前的人，都是懂保险的人。

消费者不是不相信保险，而是不懂保险，担心买错了、白买了、买了不赔……再加上媒体时不时曝出保险被拒赔的事例，保险代理人主动上门推销的方式也加剧了这种担心。有好事者戏称：买保险只有两种情况不赔，这也不赔，那也不赔；最不保险的事，就是买保险。买时千好万好，赔时千难万难。在保险行业工作的人也不容易，做了好事善事还不被人待见，正所谓"一人在银行，全家跟着忙，一人干保险，全家难有脸"。

保险公司平时理赔了一百个、一千个案子，消费者会觉得很正常，但若是有一个案子拒赔了，或者赔少了、赔慢了，怨声载道就来了。今天人们不相信保险，就相当于我国银行业刚起步时不相信银行一样，老太太们都会把钱缝在口袋内、放在枕头下、压在箱底，但她们绝不会把钱存在银行里，就像不大放心把钱交给保险公司一样。

纵观全球，在美国、日本及欧洲等发达国家和地区，保险业已经相当发达。在我国，党和政府已将保险业提升到了尤为重要的高度，2014 年 8 月 13 日，国务院正式发布了《国务院关于加快发展现代保险服务业的若干意见》（业内简称"新国十条"），将保险业明确定义为现代保险服务业，将保险业的发展上升到国家战略层面。保险的社会"稳定器"和经济"助推器"作用得到有效发挥。

清华大学、北京大学、武汉大学、中国人民大学等知名高校都设立了专门的保险院系，中国银行保险监督管理委员会（简称银保监会）、保险公司、保险中介公司等保险市场监管机构和供给市场主体更是日趋完善、不断壮大，保险行业在我国已经得到健康有序的发展。

消费者认为保险是骗人的，原因在于社会对保险的正面宣传不够，对保险的正向引导不够，消费者对保险的正确认知不够。

保险本身不骗人，只是被"认为"是骗人的。保险其实不骗人，是因为消费者太不懂保险而怕被人骗。保险其实不骗人，是因为保险往往是未来某个不确定时期消费的"无形"产品，看不见、摸不着，消费者只是不愿意交给保险公司白花花的钞票，拿回来的却仅仅是写满密密麻麻文字的几张纸（保险合同），看也看不懂，所以感觉它骗人。

某保险公司客户因意外受伤，到医院医治产生治疗费用。治好后拿着重大疾病保险单到保险公司柜台申请理赔。在得到无法赔付的答复后，客户认为"保险是骗人的"。经过保险公司客户服务人员耐心解释后，客户才恍然大悟，保险本身并没有"骗人"，而是因为客户自己没弄明白保险，闹出了"张冠李戴"，牛头不对马嘴的笑话。

很多人买了保险后不认真看条款，没了解保险责任与除外责任，单纯地认为买了保险就什么都"保险"了。其实，保险也分许多种类的。上述案例中，不能拿着重大疾病保险单去申请因意外而不是因"重大疾病"产生的医疗费用。同理，买了养老保险，保险公司只会为投保客户解决养老的问题，买了人身意外伤害保险，保险公司只会承担相应保险合同约定的保险责任。更细一些，买了医疗保险，还要看保险责任里是否包括门诊医疗赔付，有些仅仅有住院医疗赔付责任，这也是不同的。买了保险，保险责任和除外责任一定要看清楚。后续章节会为您对各种情形作详尽阐述。

保险其实不骗人，只是因为您没有买到"对"的保险。本书将循序渐进，科学引导广大读者切实了解保险、正确购买保险，明白怎样买保险才不吃亏。

> **· 要点总结 ·**
>
> 保险不骗人，是因为消费者太不懂保险而怕被人骗；是因为保险往往是未来某个不确定时期消费的"无形"产品，看不见、摸不着，消费者只是不愿意交给保险公司白花花的钞票，拿回来的却仅仅是写满密密麻麻文字的几张纸（保险合同），看也看不懂，所以感觉它骗人。

☂ 保险是特殊的银行

什么是保险？据我长期一线的观察和经验，保险是一种保障机制，是用来规划人生财务的一项工具，是市场经济条件下风险管理的基本手段，是金融体系和社会保障体系的重要的支柱。

对于消费者来讲，"保险"归根结底是"心与心的交流"！唯有热爱生活的人、有爱心和责任心的人，才会对保险感兴趣，否则，真的就会视保险如空气，根本不会去理会保险。这也就是为什么当消费者很想购买保险的时候，身边却往往有不少人会对保险不屑一顾，甚至迷信地认为不买保险还好，一买保险就出险……这些都是对保险的认识不够，属于偏见甚至错误认知。

经过 20 多年的保险实务和研究生涯，我总结出保险的本质：保险就是四大准备——是年轻时为年老时所做的准备；是平安时为意外时所做的准备；是健康时为疾病时所做的准备；是生前财富为身后传承所做的准备。

我常给保险代理人和保险消费者讲，是名字禁锢了朴实、可爱的人们，如果把工商银行改为工商保险，把泰康人寿改为泰康银行，那门庭若市的一定是泰康而非工行了。因为，保险公司是特殊的银行，是真正存钱的地方；而普通的银行只是放钱的地方而已。事实就是这样。保险公司对居民存款（保险费）采取的是一种强制储蓄，风险由保险公司承担。而商业银行对居民存款采取的是自愿储蓄。有人会问，自愿储蓄不是更有利于储户吗？其实不然，看似自由，其实不自由，现在自由了，以后急用钱的时候就不自由了，有谁见到过一个人活期存折上的 5 万元存款是10 年前存的吗？就连 5 年前存的都鲜有人在，绝大多数都是刚存不久。比如：

张三的银行卡上有8000元活期存款，计划过一阵子凑上1万元的整数。不是张三有这样的想法，很多人，包括我自己，都有这样的"美好愿望"，可现实是，一个月之后，张三的存款不仅没有增加，而且因为微信支付、刷脸消费、逛淘宝，又或因为有同事结婚送人情，卡上的数字很快变成了6000元，再过一些日子又少了一些，变成了4000元，再过几个月，发现卡上的存款已经所剩无几了。

在银行存款，看似自由其实不自由。许多人，特别是年轻的"高薪"阶层、白领一族，因为寻求"自由"，不经意间形成了"今朝有酒今朝醉"的生活习惯，把辛辛苦苦挣来的收入，全放在了自己的手机银行、活期存折（卡）中，无暇去思考和规划未来年老时的辛酸和生病时的困难。

买保险，就是面对未来的风险，买个经济上的放心。我要告诉消费者，我们购买保险，要趁年轻、趁健康、趁平安、有能力时，早做准备。越年轻，费率也就是保险费就越低。而且更重要的是，等到意外或疾病产生时就已经保不了了。因为被保险人一般分为"三体"：标准体，次标准体和拒保体。标准体按正常费率（价格）承保，次标准体需要加费（加价）或延期才能承保，拒保体则根本就不能买保险了。

买保险，就是要趁早，早做准备，给自己一份强制储蓄，防患于未然。购买保险是不能等的，越早买保险，经济越有保障，医疗、养老的压力就越小。

• 要点总结 •

保险其实是特殊的银行。买保险能起到强制储蓄的作用，在人们遇到风险，需要大量用钱的时候，保险就成了急用的现金。正所谓"保险就是平时当存钱，临时急用钱，保费变保额，小钱变大钱，黄土变黄金，伤心变安心"。

保险的三大真相

商业保险在我国经过 30 多年的迅猛发展，已经深入千家万户，无论在城市还是在农村，无论是白领精英还是务工人员，保险都已经成了人们的共同需求，成了家庭必备品。

保险的本质到底是什么？保险究竟有什么样的价值，让芸芸众生都感到必不可少？……结合我在保险业工作 20 多年的感悟，我来谈谈保险的真相。

保险真相之一：其实每个人都"买"了保险

不论您有没有投保保险，您都已经"投保"了，不同的只是您是向自己投保还是向保险公司投保。

不管您有没有买保险，其实您都已经"买"了，不同的是当风险发生的时候是您自己买单还是保险公司买单。

企业给员工投保了基本的商业医疗保险，如果员工患阑尾炎做手术花了 1 万元，企业会报销 90% 甚至更高比例。这个"报销"实际是保险公司和企业达成的协议，企业为员工向保险公司投保了"补充医疗保险"等员工福利，一旦员工出险，由保险公司理赔。如果员工辞职，一旦阑尾炎犯了，治病的钱员工肯定自己要付。此时只能是自己做自己的"保险公司"，自己把 1 万元交给医院了。

所以一定要购买保险。支付少许的保费并不会影响到自己的日常生活，不缴保费才会在问题发生时一愁莫展。缴保费其实是去解决问题，解决一旦意外、疾病等风险来临时，高额治疗费的问题。

消费者要学会通过购买保险来转移风险，由专业的保险公司来承担、分散风险。保险是雪中送炭的钱，保险是急用的大额现金。在保险公司买保险，是买了世界上最便宜的保险，然而在自己手上买保险，却是买了世界上最贵的保险。

您到底是愿意买最便宜的？还是买最贵的呢？

保险的真相之二：买不买保险都是"错"

保险，买也错，不买也错。不过，买保险只是小错，而不买保险却是大错。

买保险，要花费一些保险费，这只是一个小错；然而，如果没有买保险，因疾病或者意外等需要自己拿出巨额费用时，却是大错。

买和没买保险都会"后悔"。不论您买不买保险，每天都有人买保险。每天都有人获得理赔，也有人后悔没有买保险。为什么没买保险的人会后悔？买保险的人也会后悔？是因为我们担心的事情不一定发生、不一定现在发生。以后会发生吗？也不一定。

买保险，划算就是不划算，不划算才是真正的划算。

一个人买了保险，生了病，保险公司给付了医疗保险金，会被认为划算，但人生病遭罪，其实不划算；不过，一个人买完保险，提升了风险意识，注意身体、注意安全，平平安安、健健康康地活到了 100 岁，保险看似"白买了"，看似"不划算"，其实这个"不划算"才是真正的"划算"。有什么比健康、长寿更划算的事情呢？

保险买也是错不买也是错，买保险是小错，不买保险是大错，您到底是愿意犯小错，还是愿意犯大错呢？

保险的真相之三：保险就像"榴梿"

保险就像榴梿，"闻"起来臭，"吃"起来香。

一些不懂保险或者尚未真正接触保险的人们常听到一些关于保险业的片面之词，常常对保险产品及保险业产生或多或少的偏见，有人甚至仅仅是因为道听途说而不分青红皂白地附和"保险是骗人的"。听到"保险"二字就烦，然而，真正购买了保险的人，得到了保障，会从内心深处感谢保险。

相对于消费者对保险的误解，保险公司对千家万户的保障是有目共睹的。我国每天发生的保险理赔案非常多，理赔金额是非常巨大的，后面章节会详细介绍。

保险就像榴梿，其实更像百香果。您是愿意接受一时听闻的保险假象，还是愿意接受终身受惠的保险真相呢？

2021年1月26日，薛先生在某保险产品推荐活动中随口总结说：不疼不痒的时候，大都不乐意买保险，因为心疼钱，总觉得那点钱能干100件事！生病了，却发现一辈子赚的钱，只能干一件事……那就是治病。

几句话就把大家为什么不买保险、为什么必须买保险给说得入情入理、明明白白了！

· 要点总结 ·

买保险就是转移经济风险，让生活中的意外、疾病等风险的经济责任由保险公司来承担。买保险，其实就是花小钱、办大事；花小钱，防急事。

☂ 社会保险和商业保险，到底哪个更重要

社会保险和商业保险有什么不一样，到底哪个更重要，这一节我们讨论这个问题。

我国的社会保险是什么"模样"

我国的社会保险，主要包括五类，即养老、医疗、工伤、失业、生育保险。这里主要为大家讲述最常见也是老百姓最关心的养老保险和医疗保险。

我国的社会养老保险，由基本养老保险、补充养老保险和个人储蓄养老保险等构成，并成累积递增的模型。

养老保险费的征缴制度在我国是相对统一的，但不同城市的缴费基数和执行办法又略有不同。

我们以北京市为例。养老保险费的征缴标准是，按上年度北京市职工平均工资为基数，计算缴纳标准，其中，低于基数 60% 者，按 60% 执行；对高于 3 倍基数者，按 300% 执行。

养老保险费的征缴以统筹与个人相结合，征缴比例为，单位 20%，个人 8%，总计 28%。其中，20% 计入社会统筹账户，8% 计入个人账户。新政策变更为单位 12%、个人 12%。

基本养老保险金的领取方式一般为月领，也有一次性领取的方式。

月领取基本养老金 = 基础养老金 + 个人账户养老金，基础养老金 = 退休时上年度市职工月平均工资 × Y%（Y% 表示累计每多交一年多加 1%），个人账户养老金 = 个人账户储存额 /120。

一次性领取养老金的额度则为个人账户储存额。

基本养老保险的享受条件——退休年龄。目前正常退休年龄为：男性

满 60 周岁，女性管理岗位满 55 周岁、生产岗位满 50 周岁；特殊工种的话，男性满 55 周岁，女性满 45 周岁可以办理退休；男性满 50 周岁，女性满 45 周岁可以办理病退。比如：

某国企职工过去 20 年月平均工资为 6000 元，社会保险缴费年限为 30 年，退休时上年度市职工月平均工资为 8000 元，退休时每月可领取的养老金是多少？计算方法如下：

基础养老金 = 退休时上年度市职工月平均工资 ×20% = 1600 元

个人账户养老金 = 个人账户储存额 /120

= 每月缴费的工资总额 ×8%×12×30/120=

1440 元

领取额 = 基础养老金 + 个人账户养老金

因此，领取额 = 1600 + 1440 = 3040 元

随着时代的进步，社会医疗保险不断改革。基本思路是低水平、广覆盖；双方负担，统账结合。我国当前实行基本医疗保险费用由单位和个人共同合理负担。

医疗保险的缴费方式：在职人员为月缴，征缴比例不尽相同。多数征缴比例分三种情况：缴费基数的 3%，本人缴费的 2%,用人单位缴费 1%，每年划入 100 元；缴费基数的 4%，本人缴费的 2%,用人单位缴费 2%，每年划入 100 元；缴费基数的 4.8%，本人缴费的 2%,用人单位缴费 2.8%，每年划入 100 元。

社会保险解决的是"有"的问题，而商业保险解决的是"够"的问题，是充足的问题。社会保险已经越来越难以满足人们不断提高的正常需求，商业保障成了社会保险的重要补充。

社会保险与商业保险是对"孪生兄弟"

商业保险作为国家社会保障体系的组成部分及重要补充，起着关系国计民生的"稳定剂"和"抗震器"的作用。

社会保险解决"温饱"，商业保险解决"富足"。为体现社会主义制度的优越性，实现人民对美好生活的向往，政府鼓励和引导企事业单位根据

实际条件，为员工购买企业年金、职业年金和补充医疗保险等，同时鼓励购买个人商业保险，全方位提升保险的保障范围。

无论是从政府层面还是企业层面出发，社会保险与商业保险之间的联系越来越紧密。社会保险制度在不断完善，商业保险体系也在不断发展。商业保险已经完成了三步走，即企业意愿、行业意愿和国家意志。随着时代的进步，商业保险的作用将越来越大。

事实上，社会保险和商业保险都重要，没有哪个更重要，于广大老百姓来讲，这是一对互为补充、不可或缺的"孪生兄弟"。

> **· 要点总结 ·**
>
> 社会保险解决"温饱"，商业保险解决"富足"。
>
> 社会保险是"托底"的保障，是养老、医疗、失业等保险保障的基础，商业保险是"充分"的保障，是改善人们经济风险的保障。商业保险和社会保险，互为补充，两者缺一不可。

我有社会保险，还用买保险吗

前面讲了，社会保险是政府行为，是强制保险，对人们的基本生活保障起兜底的作用。购买商业保险则是真正解决人生经济风险的必要手段。消费者可以在自己的预算范围内，量力购买商业保险，以确保在真的发生重大保险事故时，不至于因社会保险的保障额度不够而使自己和家庭陷入财务危机。

人生风险不能全指望社会保险

有人说，我们单位的福利条件好，生病住院有社会保险，单位也会帮助解决。然而，社会保险真能解决问题吗？单位真的会为您解决问题吗？

华中科技大学一位木姓女教授，一辈子勤勤恳恳教书育人，54岁那年，单位的例行体检，检查出罹患乳腺癌，住院治疗花了20多万元的费用，由于社会保险按比例报销，而且不少进口药都不在报销范围内，多达10多万元的费用需要木老师自己承担，那时候10多万元对一位大学老师来说无疑是一个天文数字。无奈之下，木老师向学校提出申请，因为木老师夫妻二人都是学校的正式职工，属双职工家庭，学校为木老师一家解决了这笔费用。然而，不幸的是，仅仅一年时间不到，木老师又被检查出罹患宫颈癌，又是20多万元的治疗费用！这时，木老师无法再向学校申请了，因为上次申请，学校已经是破例了，这次领导提前就打了招呼不能批。巨大的治疗费用只能通过借债应急。

好在医疗技术高超，木老师总算逃过了鬼门关。然而，接下来却过着靠打多份工还债的艰辛生活。

如果木老师购买了商业保险，情形就大不一样了。假如木老师购买了保额为 50 万元的重大疾病保险，各家保险公司都有多次赔付的重大疾病保险，有的险种赔付可以多达 4 次！那么，无论木老师花了 20 万元还是 30 万元，只要有三级甲等医院的诊断证明，证明木老师罹患重大疾病，木老师就能拿到全部的 50 万元保额赔付，第二次确诊，也能拿到保险公司 50 万元的赔付。不仅能支付所有的医疗费用，还能有多余的钱来改善生活，卸下因不能正常上班收入减少的心理包袱，让身体更快更好地痊愈。

一个人身患重大疾病住院，来医院看望的人，拿 300 元、500 元来的是同事、朋友，拿 3000 元、5000 元来的是亲人，而拿 30 万元、50 万元来的，一定是保险公司。

社会保险是花钱之后才能报，而商业保险却是一分没花也能"报"

社会保险与商业保险还有一个明显的区别是社会保险中的医疗保险是报销性质，据实际医疗开支，而且是要按一定的比例事后报销；而商业保险则不同，比如重大疾病保险，是给付性质，定额给付。不管在医院有无支出，支出多少，保险公司都会按保险金额给付，且与社会保险报销不冲突，有的还会"提前给付"。

年轻时曾做过"知青"的小学老师何女士，因劳累过度突发急性心肌梗死。在天坛医院做了心脏支架手术，前后花费 5 万多元，手术很成功，一周内就顺利出院。结账出院时社会保险报销住院费用 3.6 万元，全国通赔。回户籍及社会保险所在地湖北省咸宁市，又报销了门诊医院费用 8700 元，最后实际自费支出总计 7000 余元。但因何女士患的急性心肌梗死属于重大疾病，何女士曾购买过 50 万元的重大疾病保险，保险公司凭保险单和三甲医院的确诊证明，向何女士付了 50 万元保险金。

重大疾病保险的保险金支付，与实际在医院花费多少费用治病无关，保险公司会按保险合同约定的保险责任与保险金额，只需要医院诊断证明，不需要任何医疗发票，直接支付保险金。

所以，有社会保险，当然是好事！但是，有了社会保险，一定还要买商业保险。请记住，商业保险加上社会保险，生活更美好。

• 要点总结 •

随着人们对美好生活的要求不断提高，我们有了社会保险，一定还要买商业保险。

社会保险是有比例的报销，商业保险可以全额报销；社会保险是看病花钱了才报销，商业保险是没看病花钱也能领取保险金。有了商业保险，社会保险配商业保险，生活更美好。

从"求我买"到"我要买"

随着时代的发展，人们的保险意识也在不断增强，购买保险的人越来越多，消费者购买保险已经由过去的"求我买"，变成了现在的"我要买"，从被动推销转变成主动购买。

保险代理人专业水平越来越高，不再"推销"保险

过去，保险代理人经常陌生拜访、电话销售和上门推销，我们很多消费者都或多或少，有过被保险代理人"推销"的经历。现在，保险从业人员变得越来越专业，他们逐渐开始转变身份，不再粗放式地"推销"，而是以专业代理人、独立代理人、财务规划师和理财顾问的身份为消费者提供家庭保险理财规划。

保险代理人都明白卖保险，卖的是专业、是服务。消费者能不能第一时间同意买保险是不必着急的，因为消费者买了保险，代理人只是从保险公司拿一些佣金，这份保险最大的受益者是被保险人或指定受益人。保险代理人只需要做到，将消费者变为"准客户"，"准客户"一旦决定要购买保险，只会想到在自己手上买，而不是在别的保险代理人手上买就行。保险代理人只需要负责让投保客户感受到他的专业，感受到他的超值服务，假以时日，客户自然会在自己手上买。

真正专业的保险代理人不再像过去一样，总是希望消费者买，不再"推销"，而是致力于为消费者提供诚信专业的保险服务。在自己的"保险工作室""独立代理人工作室"为一个个家庭提供保险保障服务已经成了他们的日常工作模式。

消费者保险观念愈来愈强，不再"拒绝"保险

相较于以前，消费者现在的保险观念越来越强、购买保险的意愿也变

得越来越迫切。

随着人民生活水平的不断提高，国民经济实力的不断增强，人民购买力的不断提高，人们对意外风险的防范意愿，对未来医疗、养老需求规划的需求变得越来越明确。

随着经济的发展、交通的发达、科技的革新，新的环境污染、交通事故的频发等让人们深切地体会到各类灾害、风险无处不在，全球大流行的新冠肺炎疫情更是让人们谈"新冠"色变。

随着医疗手段的优化、科技的腾飞，过去许多难以治愈的疾病都可以治愈，人们的寿命不断延长，漫长的养老财务开支成了不可回避的问题。

因此，通过人寿保险来解决生活当中可能甚至必然出现的意外、医疗、养老、子女教育等经济风险，成了广大消费者的共识。

不少有购买保险意愿的人，最顾虑的已经并不是保险本身，而是希望能找到一个专业的、让自己放心的专业保险代理人为自己提供保险服务。

• 要点总结 •

"买保险"已经成为一种时尚，保险越来越成为人们的生活"必需品"。

市场上的保险代理人已经变得越来越专业，服务能力也越来越强。保险供需市场也发生了转变。消费者过去是被推销着买保险，现在是主动买保险。关键是消费者要学会买"对"的保险，要找专业的保险代理人买保险。

保险代理人说的加费和拒保是怎么回事儿

消费者买保险时，偶尔会遇到需要加价购买的情况，或者消费者在填写完保单后，交保险费时保险公司却不予承保，这是怎么一回事呢？本节就这两个问题专门作解答，帮助消费者明明白白买保险。

标准体、次标准体和拒保体分别是什么意思

保险公司对被保险人因年龄、健康状况、工作性质等不同有相应的划分，大致分为标准体、次标准体和拒保体三种类型。

如果被保险人是标准体，那么，投保时保险公司就会受理，并及时按正常的费率承保。一般来讲，保险公司会对受理的标准体单件立即作承保，除非风险保额足够大（比如200万元或以上）需要做财务问卷调查等，否则都会在缴费当日承保。《中华人民共和国保险法》规定，投保人缴纳保险费，保险公司同意承保，保险合同随即生效。比如，投保人当日缴纳保险费，不需要做体检、财务调查等保全手续的，该保险合同就将于次日零时起生效，保险公司承担保险合同约定的赔偿责任或到期给付责任。

当前，人们工作节奏快、生活压力大，受"亚健康"影响的群体广泛存在，这类人群，在保险公司往往就会被界定为"次标准体"。如果被保险人是次标准体，那么就会出现延期承保或者加费承保的情况。

保险公司对每一份投保单的承保，都有一个相对固定、规范的流程。

保险代理人是承保保险单的第一"核保人"，换问话说保险代理人要对拟投保保险的被保险人作基础的判断和把握。保险代理人不能给一个已经受伤的人去投保意外医疗保险，不能带一个患病的人去投保健康险，不能带一个年迈的人去购买养老保险，不能带一个有虐童倾向的人去购买子女意外伤害保险等。保险代理人要在被保险人的选择上把好第一道关口。

这个人应该是"年轻的人""健康的人""平安的人"和"有购买能力的人"（首期缴费能力和以后每年续缴保费的能力）。也就是说，保险代理人首先需要区分投保人与被保险人是否为身心和经济能力相对"正常"的人。

在此基础上，保险代理人指导投保人填写投保单。填好投保单，并请投保人及被保险人在指定位置亲笔签名后，再交由保险公司运营部门受理保险单。这一程序就是"初审"，保险公司根据险种的不同、保额的不同通常设定有不同的审核权限，初审、复核通过之后，就可以承保了。

初审投保单时，若是医疗保险（含意外或疾病的门诊医疗、住院医疗）、重大疾病保险，保险公司会依据年龄、保额的不同，决定是否需要体检。

保险公司一般的实务操作是：如果年龄在 30 岁以下，保险金额在 100 万元以下，是不需要体检的；如果年龄在 40 岁以下，保险金额在 50 万元以下，也是不需要体检的；这些都可直接承保。如果年龄在 50 岁以上，无论保险金额多少，都需要体检。倘若保额在 100 万元以上，无论年龄多大，都是要做核保体检的，这是为了防止投保逆选择等道德风险。

需要做体检的情况，体检项目会由保险公司确定，被保险人按保险公司指定的时间段到医院体检即可。若体检合格，则正常承保；若体检不合格，则依据体检指标定义为"次标准体"；健康状况严重欠佳的，可能会界定为"拒保体"。

定义为"次标准体"的情况可以承保，但是需要有条件承保。保险公司会向保险代理人发出"问题件"，告知投保人和被保险人要么加费承保，要么延期承保。延期承保就是被保险人通过治疗，再次体检达到保险公司承保标准后再作承保。还有一种情况是，既不加费，也不延期，保险公司作及时承保，但会特别约定除外责任。这个除外责任（免赔责任）主要是保险公司不承担因体检查出的疾病所导致的关联疾病等风险。

定义为"拒保体"的情况，保险公司则会直接发函予以拒保，并向投保人阐明拒保原因。

体检的内容和"带病投保"是怎么回事儿

被保险人投保时，要体检哪些项目，不用检查哪些项目，与保险条款约定的保险责任是息息相关的。比如购买的是女性专属保险，就只会做乳腺、子宫、卵巢、尿检等方面的体检。如果购买的是承担癌症责任的保险，就要重点检查身体里的结节问题，一旦发现，保险公司一般会做延期、加费、有条件承保或者拒保处理。

以上这些，就是日常生活当中，保险代理人所讲的需要加费或拒保的原因与情形。

实际上，在保险公司实务操作上，只要是保险公司正常承保的保险单，保险公司进行赔付或保险金给付是很容易的。我在某全国性人寿保险公司挂职云南省德宏傣族景颇族自治州中心支公司总经理工作期间，对有个案子印象很深。

有位客户作为被保险人投保了我公司的意外伤害医疗保险。该客户骑摩托车时撞了别人，自己也受了伤，该客户认为这次事故的责任是他自己导致的，认为保险公司不会赔付，所以没有提出理赔。

但是，保险代理人在医院看望该客户时，了解情况后报告给了公司客服部，客服部将此事通过日常工作简报上报时引起了我的重视。我了解到该客户在投保时做过核保体检，是按标准体承保，我立即责成客服部启动理赔程序，为客户做了及时且足额的理赔。

保险公司作为非银行金融机构，经营规范，承担着社会责任。保险公司在承保的时候，需延期、需加费的时候要延期、加费，需拒保的时候一定要拒保。但在赔付的时候，能正常赔付的要马上赔、及时赔、足额赔，不确定赔付责任的要想办法赔。

● 要点总结 ●

"买保险是越早保险越轻松。"年轻、健康时买保险，容易正常投保。一旦出现身体亚健康、生病了、年老了等情形，要么保费就会很高了，要么就会被保险公司直接拒绝承保了。

一旦承保，保险公司要积极承担赔付责任，能正常赔付的时候保险公司要马上赔、及时赔、足额赔，不确定赔付责任的时候要想办法赔。

☂ 买保险一定会返本吗

在我平时的保险经营管理工作中，经常遇到消费者关于买保险能否"返本"的问题。那么，买保险一定会返本吗？

从保险的本质上讲，保险是不返本的。这个"本"，是指投保人向保险公司所缴纳的"保险费"。保险公司所要"返"的，并不是"保险费"，而是"保险金额"。保险金额的额度往往是保险费的 100 倍基至 1000 倍以上。所以，只有当被保险人发生保险合同所约定的风险，或者到达保险合同约定的给付时间，保险公司才会按"保险金额"赔付保险金或给付到期保险金。换句话讲，若被保险人在合同有效期间并未发生保险合同所约定的风险，保险公司是不用承担保险责任，不用赔付保险金额的。

最原始、最基础的保险，反映的是保险以小搏大、保"万一"的本质特征。这一特征决定了保险并非银行储蓄，是不返本的。只有发生"万一"时，才会得到几百倍甚至上千倍的赔付。

返本型保险是基于客户需求而产生的保险衍生产品。"返还型"保险是相对于"消费型"保险而言的。

消费型保险就是指投保人投保后，保险公司按照合同约定的保障内容进行给付，在约定时间未出险，保险公司不返还所缴保费，这是"真"保险。买消费型保险相当于把钱花在保障上，这是最体现保险价值的产品，能够发挥保险保障的杠杆作用，通过最少的保费转移未来的风险。

返还型保险与消费型保险相比，就是可以返还所缴保险费。早期保险公司的产品是不能"返本"的，保险产品的"返还"，仅仅是指风险赔付或到期给付。不过，保险产品除了其保"万一"的本质特性外，毕竟它还是商业产品，也要体现出其经济特性。也正因为此，随着保险业的不断发展，保险产品逐渐衍生出了"返本"的功能。

保险产品在售卖的过程中，遇到大量的客户有"返本"需求或意愿，为了满足消费者的这一海量需求，保险公司顺应时代潮流、为提升企业的市场竞争力，不断让保险精算师生产"返本"型产品，比如生死两全保险、到期给付类保险，还有通过"分红""万能"的形式变相"返本"的分红型保险和万能保险等。

返还型保险是市场倒逼保险公司的结果。常言道："买的没有卖的精"，每一款保险产品都是由精算师通过利差、死差、费差等"三差"计算指标生产出来的，返本型保险产品的出现，使保险产品的费率大幅提升。购买返还型保险，消费者多缴的保险费相当于定期储蓄放在保险公司，保险公司通过拿这笔钱来投资，借助投资收益来实现盈利，同时也能用于承担未来的到期给付责任。

因此，真正价格最低廉、保障最高的保险产品，是纯保障型意外伤害保险，重大疾病保险等传统保险产品，这些产品的共性是不返本，但保障的额度、风险回报比是最高的，是真正意义上的保险。

消费者购买保险，首先要购买纯保障型产品。这类保险是最便宜、保障最高的保险。然后再去购买有"返本"功能的两全保险、养老保险、子女教育婚嫁保险以及分红、万能等保险衍生产品。这类产品由于保险公司在承担风险责任的同时还担负着"返本"的责任，所以在定价上与纯粹保障型产品相比较，会有明显提高。

我一向推介消费型保险，因为那是真正的保险。这类保险，保险费尽管可能会白缴，但可以做到把最小的保费预算用在最为核心的风险管控上。消费者买保险，首先是为了保风险，有保障，一定要把保险和投资理财区分开来。

购买保险，要首先购买保障类产品，然后再购买"返本"类产品。保险公司的最大优势不在"理财"、更不在"投资"，而是在"保险"。

如果说人生是一段旅途，那么保险就是一张可全额退款的车票。

小明 20 岁大学毕业参加工作，购买了一份人身意外伤害定期两全保险（分红型），每年缴费 5000 元，缴 40 年，总共缴 20 万元。从小明投保之日起，保险公司就承担起高额的意外风险保障，如果小明活到 60 岁没病没灾还好好的，保险公司会一次性给付其 20 万元的生存保险金，外加 20 万元的分红，保险合同终止。从 20 岁出发，60 岁到站，保险公司将小明缴纳的每一笔保险费都全部退还，外加分红金，总计 40 万元的祝寿金可作为一笔额外的、丰厚的养老费用，让小明暖心退休，这就是保险的魅力。

保险是特殊的银行，帮助消费者做强制储蓄。保险就是有事管事，有病治病，没事没病管养老。

> **要点总结**
>
> 真正保风险的保险是不返本的。"本"是"保险费"，买保险"返"的是保险金额，万一发生风险时，会得到高于保险费千百倍的保险金额赔付。不过，带理财功能的保险是"返本"的，它是一种"强制储蓄"。

保险公司破产了怎么办

在全球范围内，我国的保险监管是非常严格的，美国、新加坡等发达国家实施的是统一金融监管，我国在过去约 20 年的时间里是由专门的中国保险监督管理委员会监管，直到近两年才实施银行、保险的一体化综合监管，中国银行保险监督管理委员会的成立，更是加强了国家对保险行业的监管，保障了保险公司运营的稳定性、保护了保险消费者的权益。

我国对保险公司成立的管控起点非常高，首先是注册资本金，成立一家全国性的人寿保险公司，注册资本金需要至少 5 亿元，而且需要以现金资本注册，并对股东资质有严格且硬性的要求。目前，我国要批设成立一家新的人寿保险公司，注册资本金往往少则 20 亿元、多则 100 亿元人民币。有了强大的股东背景，保险公司成立所需要的保证金、总准备金等的专项提取，就能得到很好的保证了。

《中华人民共和国保险法》对保险保证金的缴存规定是："保险公司成立后应当按照其注册资本总额的 20% 提取保证金，存入金融监督管理部门指定的银行，除保险公司清算时用于清偿债务外，不得动用。"

保险公司破产概率有多大

保险公司各项责任准备金的提取是为了保障被保险人的利益、保证保险公司的偿付能力。保险公司统一缴纳保险保障基金是为了保证在保险公司被撤销、破产时，以及遇到重大危机、可能危及社会公共利益和金融稳定的时候来维护社会和保险公司自身的稳定与安全。

保险公司在实际运营过程中，《中华人民共和国保险法》对保险公司，对每一家风险单位的管理都是非常严格科学的。比如明确规定了对一次保险事故可能造成的最大损失范围所承担的责任，不得超过其自有资本加公积金总和的 10%。超过的部分应当办理再保险。这些防控体制机制，都是为了规范保险公司的资金运用，必须遵循稳健、安全原则。

当保险公司存在重大风险，可能严重危及社会公共利益和金融稳定时，监管部门会提前干预。比如，在我国现代保险行业发展历史上，发生的新华保险、安邦保险的清算接管事件，都是在风险暴发前，由国务院金融保险监管部门介入，对上述保险公司实施接管。基于保险公司自身的经营与风险控制，加之监管机构的多重监管保障机制，可以说保险公司破产的概率是极低的。

新华保险、安邦保险在出现经营危机被接管，被新的股东及其经营管理团队管控之后，持有上述保险公司人寿保险单的广大投保人或被保险人或受益人均没有受到任何影响和任何损失，而且上述公司目前的经营正保持着健康、稳健发展的势头。

保险公司可以破产，但不可以随意解散

根据《中华人民共和国保险法》规定，保险公司破产，首先要经过中国银行保险监督管理委员会的同意，方可由法院宣告。在保险公司资不抵债或无清债能力的情况下，可以提出破产申请。保险公司被宣告破产后，由法院组织银保监会等有关部门和有关人员成立清算组，进行清算。

与其他一般企业法人破产相比，保险公司的破产清偿顺序具有一定的特殊性。依据《中华人民共和国保险法》规定，保险公司依法破产的，破产财产优先支付其破产费用后，按照下列顺序清偿：

①所欠职工工资和劳动保险费用。

②赔偿或者给付保险金。

③所欠税款。

④清偿公司债务。破产财产不足清偿同一顺序清偿要求的，按照比例分配。

不过，这主要是指财险公司，人寿保险公司则不同。《中华人民共和国保险法》规定：经营有人寿保险业务的保险公司，除分立、合并或者依法撤销外，不得解散。

保险公司破产，是否影响保险单利益

一旦保险公司破产后，持有该保险公司的保险单的利益人的利益是否

受到影响呢?

《中华人民共和国保险法》规定:经营有人寿保险业务的保险公司被依法撤销的或者被依法宣告破产的,其持有的人寿保险合同及责任准备金,必须转让出去。必须转移给其他经营有人寿保险业务的保险公司。不能同其他保险公司达成转让协议的,由保险监督管理机构指定经营有人寿保险业务的保险公司接收。在转让过程中,需要维护被保险人、受益人的合法权益。

"人寿保险合同"必须转让。保险公司一旦破产,"人寿保险合同"必须有序转让。比如,在经营有人寿保险业务的保险公司 A 破产后,不管是与之达成转让协议的保险公司 B(经营有人寿保险业务),还是由保险监督管理机构指定接受转让的保险公司 C(经营有人寿保险业务),需要受让破产保险公司 A 的"人寿保险合同",里面的条款、保险责任与各项利益均不得发生变化。

人寿保险保险单持有人没有任何损失。保险公司一旦出现解散或者破产,包括人身险在内的种类保险合同都是受国家包括保险总准备金、保险责任准备金、国家保险保障基金等一系列防护机制保护的。

保险公司对收取的每一笔费都需提取相应的保险责任准备金,以应对未来发生风险时的保险金赔付。保险公司的偿付能力,需要保险责任准备金加以保证。保险保障基金是依照《保险保障基金管理办法》,当原来的保险公司依法解散或破产时被接管时,使用于救助保险单持有人、保险合同受让公司。不管是人身保险还是财产保险,当保险公司依法解散或破产时,都属于保险保障基金的救助范围。

对于保险消费者来讲,保险公司被接管后,自己的每一份保险单都是继续有效的,都是正常受法律保护的。消费者只需继续按照保险合同的约定缴纳续期保险费,保险单就不会受到任何影响。

- **要点总结**

保险是金融产品,保险合同是受法律保护的商业合同,保险公司一般不会破产,万一破产也有国家监管保护,不会影响到投保人、被保险人和受益人的保险单利益。

人寿保险能延长人的"经济生命"

保险是以法律的形式，通过签订具备法律效力的保险合同，为消费者科学严谨地量身定价。其实，很多人并不知道，自己真正的身价如何量化，怎样体现出来。

一个职工身故后，多发几个月的工资外加丧葬费，剩下就是同事、亲戚、朋友的捐赠了。对于家境贫寒的家庭，有钱人可能会捐款，领导逢年过节可能会到家里慰问，新闻媒体可能还会不断报道，让这个家庭穷名在外。如果拥有保险，这些窘境就都不会存在了。

上面的情况看似不吉利，但它就是生活中经常甚至天天发生的事情。只是发生在别人身上，我们只当是"故事"。因此，保险就成了生活中必须要具备的了。

保险并不能保证一个人不出风险，而是把风险造成的经济压力转嫁到保险公司。由保险公司为投保人、被保险人或者受益人提供意外时需要的"充足的医疗金"、用钱时需要的"及时的急用钱"、年老时需要的"有尊严的养老金"。

没人敢说"我不会出意外，我不会得病"，人吃五谷杂粮，生老病死是常事。如果得了大病，花了很多钱，人没有治好，家人受到一次伤害，还给家人留下一堆债务要偿还，让家人再一次受到"伤害"。如果购买了保险，结果则大不相同，人的"肉体生命"离开后，其"经济生命"还继续存在，通过保险金给家人留下一笔大额财富，保障正常的家庭经济支出。

有人说，我可以为自己和家人在银行存足够的钱啊！这似乎是一个办法，然而，这个办法可靠吗？请问您存够多少钱就没有后顾之忧了？曾经有位香港巨富讲过："大家都说我很富有，拥有很多财富，其实真正属于我的财富，就是我为自己和亲人买了足够的保险"。可见，保险很重要。

消费者需要明白，银行只是放钱的地方，而保险公司才是真正存钱的地方。有些人虽然已经明白了保险的好处，但总爱讲过一阵子再买。请问，您要等什么？人生十有八九不如意，等来更多的是风险！比如意外的出现、疾病的出现，岁月催人老。医院病房里有很多人，就是因为当初有"等等再买"的错误观念而后悔没有及时购买保险！

买保险不能等。保险是未来某个不确定时期需要消费的无形产品，唯有人寿保险能延长人的"经济生命"，我们必须在平安的时候、健康的时候、年轻的时候及时购买，若等到发生意外的时候、生病的时候、年老的时候，您再主动去保险公司购买，就已经来不及了。

● 要点总结 ●

买保险不能等。人寿保险能"延长人的经济生命"，能解决人生因意外、疾病、年老等带来的经济问题。银行只是放钱的地方，而保险公司才是真正存钱的地方。

第二章

别被保险代理人忽悠了

本章详细介绍了保险公司常用的各种市场销售方法，哪些保险代理人不靠谱，还罗列了消费者在购买保险、选择保险产品中可能遇到的"大陷阱"，阐明了买保险的常见误区，从专业角度告诉读者如何看保险计划书等消费者购买保险时必须明白和重点关注的问题。

保险公司常用的销售方法知多少

保险公司业务销售体系分类繁多，产物保险涉及车辆、家财、企财、运输、工程、责任、信用、保证保险等很多门类。人身保险更是涵盖人的生、老、病、死，衣、食、住、行等方方面面。结合整个保险行业的运营情况，保险公司的销售方法就更是多种多样了。

本节主要为读者介绍与消费者日常生活最为密切的人寿保险，帮助读者了解人寿保险的销售方法有哪些。

纵观我国各家保险公司所采用的销售方法，不外乎以下几个种类。

个人销售业务

个人销售业务应用最为广泛的是代理人制。代理人制就是指消费者在日常生活中时常碰到的陌生拜访、上门推销的保险销售员所采用的销售方式。保险代理人并不是保险公司的员工，而是代理合同关系。保险代理人与保险公司签订代理合同，对外代表保险公司，代理销售保险公司生产的保险产品，并帮助投保人或被保险人完成保险产品的购买行为。

保险产品是未来某个不确定时期消费的无形产品，需要保险代理人与消费者之间面对面的沟通，一般需要多次交流、解释之后才能成交。消费者需要清楚的是，这种产品一旦购买，需要连续缴费 20 年、30 年甚至更长时间，而保障是终身保障，是一辈子的事情，因此，拥有专职保险代理人的售后服务，在消费者购买保险之后的作用就非常明显了。

保险代理人的销售模式是大多数保险公司销售保险产品的主要模式，尽管互联网销售与电话销售也是较为普遍的销售方法，但后者并不能为消费者带来全面且完整的保险保障。更为重要的是售后服务，拥有专职保险代理人的个人销售模式，对消费者购买保险之后的售后服务及理赔操作至关重要。我国在职的保险代理人有近 1000 万人，全国 31 个省（自治区、直辖市）和新疆生产建设兵团都有分布。

银行保险业务

通过银行销售保险产品就是"银行保险业务"，在银行销售的保险一般为中短期的保险理财类产品，以理财回报为主、保险保障为辅。

目前，市场上各家保险公司已经尝试在银行里卖"个险"——长期期缴的保障型产品了。以银行的信用为背书，销售长期期缴人寿保险产品，这个是真正意义上的保险，消费者可以放心购买。

员工福利业务

保险公司会专门设立员工福利部，下设企业年金部、大项目部、交叉销售部等多个部门，取代传统的团险部门。保险价格与经营费用采用一案一议的模式。当前各家公司主营业务为团体补充医疗保险、企业年金保险、建筑工程员工意外保险等员工福利业务。

意外及健康险业务

意外及健康险业务是人寿保险公司主营的一大业务，也有专门的健康险公司和专门的养老保险公司开展这类业务。意外及健康险一般作为短期保险的形式出现，通常的方式为一年期，到期后可以再次投保，根据保险金额和被保险人年龄的不同，有些人需要做承保前的健康体检。

财产险公司也开展意外及健康险业务，比如顾主责任保险、意外伤害保险等，主要是以一年期的短期险为主。

续期业务

消费者买了保险后，第二年以及后续每年要缴的保险费叫续期保险费，这类业务就叫"续期业务"。如果首次购买保险时的代理人仍然在岗，就会提醒和协助消费者续缴保险费，如果其离职了，那么该消费者的保险单在保险公司就成了"孤儿单"，会被分配给续期部门，安排续期专员为该消费者提供续期缴费提醒服务以及二次新保险单开拓服务。

消费者买保险，最好选择在保险公司业绩较好、业务熟练、工作稳定的保险代理人手上购买，避免自己的保险单不幸成为"孤儿单"，"孤儿单"会或多或少地影响到理赔。

新业务渠道

随着保险公司的经营不断成熟，互联网科技的不断发展，保险公司派生出来的新业务渠道越来越多。新业务渠道有交叉销售、职域销售、电话销售、互联网销售和 FIC 销售等。

保险公司推出林林总总的销售方法，目的是为了满足不同消费群体的消费需求，以顺应消费者的消费习惯、消费特点和消费能力。

一些消费者在购买保险时，会产生向保险代理人索要"回扣""提成"或"佣金"的念头。这既违反了银保监会的禁令，也损害了保险代理人的合理收入。消费者在购买保险时一定要牢记这个注意事项。为了避免消费者买保险时为了"占小便宜"而"吃大亏"，我还会在后续章节专门强调这个问题。

> **• 要点总结 •**
>
> 保险公司销售产品的销售方法有很多种，消费者最常见到的是保险代理人销售模式，保险代理人代表保险公司销售保险，并帮助投保人或被保险人和保险公司签订保险合同。

哪些保险代理人不靠谱

消费者该选择什么样的保险代理人

购买保险是一门技术活，如何正确投保，需要与投保人以及被保险人的自身情况与保险保障需求相匹配。消费者购买的险种种类与组合、保障年限、额度和先后次序以及轻重缓急都要通过专业的保险理财规划师来规划设计，所以在购买保险时，选择一位优秀的保险代理人非常重要。

消费者选择的保险代理人靠谱不靠谱，直接决定了消费者买得对不对，接受保险服务的感受好不好。优秀的保险代理人，会为消费者规划、设计最为合适的保险产品与保险保障组合，会为消费者提供持续、长久、完善的售前、售中和售后服务。那么，消费者该如何选择，怎样判断代理人优秀不优秀、靠谱不靠谱呢？

首先要看代理人在同一家保险企业从事保险销售工作多长时间，然后看其是否有长期服务于保险销售工作的热情、意愿与决心，再看其学识与专业度。要看他曾经服务过多少个客户，服务的是什么样的客户，成交过多少张保险单，成交的是什么样的保险单，获得过公司的哪些荣誉。以下这几类代理人是不靠谱的，消费者一定要避免。

没有执业资格证的

每一位保险代理人都要经过保险公司授予销售资格，才能在市场上从事销售工作。银保监会、保险行业协会以及保险公司都对保险代理人的展业资格有明确规定。一般来讲，保险代理人需接受保险公司的专业培训80学时以上，并通过考试，才能取得代理人执业资格证。保险代理人的"岗前培训"主要包括职业道德培训、保险知识培训、保险法培训、销售和产品演练培训等。对于销售分红保险、万能保险等金融技术含量较高的保险产品的保险代理人，还需要额外学习会计、财务、税务等相应的知识，考试合格，取得专门的分红保险销售资格证、万能保险销售资格证等，才能从事保险销售活动。没有保险销售执业资格证的保险代理人，显然是不靠谱的。

工作心态不稳定的

消费者要找在保险公司工作时间相对较长、工作心态稳定的保险代理人提供购买保险的服务。

正如"续期业务"相关所述，如果消费者到了要续缴保险费的时候，当初提供保险购买服务的保险代理人还在岗，他就会提醒和协助消费者续缴保险费并提供相应的售后服务，如果保险代理人中途离职了，续期和售后服务的品质就会受到影响。

当然，消费者判断保险代理人是否靠谱也不能一概而论，具体情况还要具体对待。新加入保险公司的保险代理人并非就是不好的，消费者可以通过与之沟通，发现其专业度和敬业心，如果他的展业名片上写有"终身编号"，愿意在保险行业立志为客户服务终身，保险工作就是他的终身志业，消费者也是可以放心在他手上购买保险的。

通过接触要把工作心态不稳的保险代理人剔除，那些人大多是不靠谱的。

荣誉证书少、每年保险单量很少的

消费者要优先选择销售业绩好的保险代理人，这样的代理人一般都是每周、每月、每年所签订的保险单很多，保险公司的各种荣誉都能拿到。

签订的保险单量很多，说明其很专业、很专心、很敬业，也越来越有（推荐正确、合适的保险的）经验。由于荣誉证书、各种奖杯多，参加保险公司组织的各项活动多，说明他业绩好，收入稳定，能在保险行业长期工作下去。这既保证了消费者有专人提供后续保险服务，又保证了给予消费者专业、放心的服务。

怎样才能判断这个保险代理人专业、敬业和长期稳定呢？一是看他的工作证、展业证，上面有他的工号、入职日期和行政职务等。二是直接到他所工作的公司参观，办公场所的墙上面都会挂着优秀保险代理人的大幅照片和业绩排名等。三是他会主动向消费者展示他过往的成绩。在上述基础上，选择这样的保险代理人购买保险就差不离了。当然，如果消费者通过与他的沟通能感受到他的专业、勤奋，沟通起来很顺畅，那就最好不过了。

荣誉证书少，每年保单都很少的保险代理人，要尽量避免选择，以免享受不到优质服务。

进入保险行业黑名单的

保险业有一个行业自律组织，国外叫同业公会，我国叫"保险行业协会"。全国各地都有省级、地市级保险行业协会，对于那些销售误导、骗保、强制投保、投保险单代签名等违反中国银行保险监督管理委员会"天条"的保险代理人，保险行业协会会将其姓名及个人信息列入"行业销售黑名单"，取消其销售保险的资格。

一旦进入黑名单的保险代理人，无论多么巧舌如簧，消费者都不要轻易选择。

· 要点总结 ·

购买保险，拥有保险代理人"一对一"的服务非常必要。保险代理人需要信仰保险、热爱行业，对待消费者热情、耐心和专业。具体讲就是需要找持证展业、工作稳定、业务优异、无不良记录的保险代理人。要优先选择在保险公司业务品质好、个人品行好、销售业绩好的"三好"保险代理人手上购买，保准没错。

选保险公司的保险代理人还是保险中介公司的保险代理人

消费者购买保险，选择优秀的保险代理人很重要。代理人在哪家公司、哪类公司工作也是消费者选择的重要参考因素。

销售保险产品的公司有很多，包括保险公司、保险代理公司、保险经纪公司、保险销售公司等。其中，保险经纪公司、保险代理公司和保险销售公司均属于保险中介公司。

消费者经常听到一些在保险经纪公司、保险代理公司或保险销售公司工作的保险销售员讲："消费者要选择在专业保险销售公司工作的保险代理人，谨慎选择在保险公司工作的保险代理人。"道理似乎很简单，保险公司的代理人只会推销自己公司的产品，不会推荐消费者购买其他保险公司的产品，哪怕是更合适的产品。而专业保险销售公司则不同，专业保险销售公司是保险商品的大超市、大卖场，销售的是市场上各家保险公司最好的产品以及产品组合，可以为消费者量身定制最适合的财产险、人寿保险、健康险、养老金等全方位的保险保障产品组合，最优化地满足消费者的保险需求。

上述说法看似很有道理，实际上这是过去的一种很片面的说法，是一个很大的误区。受这样的误导，消费者买保险很容易吃亏。

保险产品并不同于其他有形产品，其技术专利性并不强，生产成本趋于忽略不计，只要市场上有一款畅销的保险产品问世，其他保险公司的精算师们很快就能生产出一款相似的，甚至更有潜质的产品，到监管机构备案后即可售卖。

这种"好"产品，生产过程非常简单，由于各家保险公司都有中国银保监会准许的保险产品生产资质，精算师们只需要把最畅销的产品拿过来重新组合，每一个年龄段降低几分钱，突出同样的产品亮点，再增加一些特色，取一个更吸引人的名字，就可作为本公司的产品拿到市场同台竞争了。

因此，严格意义上讲，认为保险经纪公司、保险代理公司、保险销售公司等专业保险中介机构的核心竞争力在于可销售多家保险公司的产品，可以给消费者更多的选择，将这一特色作为保险中介企业的竞争优势，其实并不成立，也不科学。

在消费者受益层面，真正能起到比较作用的是保险企业所扮演的突出角色。

保险代理公司和保险销售公司都是代理销售保险公司产品的专业保险销售公司，原则上是代表保险公司的利益。保险公司的保险代理人是保险代理人个人，保险代理公司、保险销售公司则是从事保险代理业务的法人单位，均系受保险公司委托，代表保险公司向投保人或被保险人收取保险费，协助完成保险合同签订的代理人。

保险经纪人代表的是投保人或被保险人的利益，代表投保人或被保险人与保险公司洽谈，与保险公司签订保险合同。从这个意义上讲，消费者在保险经纪公司购买保险是最为科学、有利的，保险经纪公司既可以发挥其专业属性在投保时为消费者量身定制保险产品，又可以发挥其功能属性在理赔时为消费者提供理赔服务，至少在理论上可以保护被保险人的投保和理赔利益。

从实务操作和实际效果上来讲，无论是在保险公司的保险代理人手上买保险，还是在包括保险经纪公司在内的保险中介公司的保险代理人手上买保险，目前的保险市场，关键还是比较保险产品的针对性，比较保险企业的硬实力与软实力，比较保险企业的售后服务和理赔速度，比较保险代理人的专业度、敬业度和稳定性。这样，消费者买保险才不吃亏。

• 要点总结 •

消费者无论是在保险公司的保险代理人手上买保险，还是在保险中介公司的保险代理人手上买保险，都要比较保险产品的针对性，比较保险企业的硬实力与软实力，比较保险企业的售后服务和理赔速度，比较保险代理人的专业度、敬业度和稳定性。

保险产品中的大陷阱

保险产品究竟有没有陷阱？保险产品由保险精算师设计生产，保险合同条款的内容专业复杂，很难让投保人一目了然地了解保险产品的全部内涵，同时保险代理人的个人专业素养和道德品质良莠不齐，很容易出现这样或那样的、有意或无意的"销售误导"，再加上投保人或被保险人的认知差异，保险产品中的一些"陷阱"是客观存在的，消费者需要科学规避、防止吃亏。

保险产品中的大陷阱，一般包括以下几种情形。

这个保险是最好的

保险代理人卖保险时会对消费者吹嘘自己的保险是市面上"最好的"，这是一种比较典型的销售误导。如果消费者相信了他们的说法，就麻烦了。代理人的这种说法太过绝对，因为不同的保险涵盖的保险责任范围各有不同，不存在"最好的"保险，只有最适合的保险。

保险是有等待期的，这个知识保险代理人不一定会告诉消费者

保险是有等待期的，这个关键的专业知识保险代理人不一定会告诉消费者，有时候即使告诉消费者，由于其专业性和生僻性，也不一定能引起消费者足够的重视或明确的领悟。

等待期又叫"观察期"，是保险公司为防止被保险人的投保逆选择、规避道德风险。对因疾病产生的医疗责任和理赔责任在"等待期"内是免责的。

有的保险代理人说买了保险就能看病。这样的说法显然是不严谨的，甚至是误导的。很多保险产品都设置了等待期，有90天的，有180天的，在这期间看病是不给报销（赔付）的，这期间确诊的重大疾病等也是不予赔付的。为了让消费者买保险不吃亏，这个知识需给消费者作重点强调。

保险专业术语中，与"等待期"容易弄混淆的一个词是"犹豫期"（又称"冷静期"），两者是完全不同的概念。"等待期"是保护保险公司的，是保险公司为了防止被保险人带病投保和投保逆选择，为规避投机风险与道德风险而调置的一个特别保险责任免责期。"犹豫期"是保护投保人的，由于人寿保险的购买行为中参与了很多情感、责任、道德和经济等因素，所以即使交钱买了保险，保险公司也会给投保人一定时间（一般为10日）的犹豫期，在此期间，投保人是可以选择退保的，保险公司需退还投保人所缴全部保险费。

折扣越大越合算

消费者想想，经典的东西，什么时候大力度促销过？不是说大力度促销的保险就完全不好，但是消费者不要因为便宜就买。更重要的是需要先看看要买的保险产品其中的细则，看看它到底有怎样的作用、能赔多少钱、规则是什么、有什么要求等。

保险代理人说可以打折，甚至说可以给消费者回扣，这是不可信的。首先，关于"回扣"，这是保险监管机构明令禁止的"天条"，再者，这些钱本身就是投保人自己掏的，每一分钱都是用来买保障的。更关键的是，保险代理人说可以打折，如果投保时给消费者打了折，那一旦出险，理赔时也要给消费者打折，消费者是同意还是不同意呢？

保险不是惊喜

有的保险代理人会跟消费者说："给您家人买个保险，是一份温馨的惊喜。"要提醒消费者的是，如果要给您家人买保险，必须您家人本人知道、本人确定、本人接受、本人签字，否则就有可能引发纠纷甚至可能出现保险单无效的严重后果！这个保险不是惊喜而是惊吓。

消费者购买完保险后，为了保护将来获取保险公司的风险理赔或到期给付权益，切记要将保险合同放在家中安全的地方，并告知家里的被保险人和相关受益人。

消费者买保险，并非每一款都适合您，但一定会有某一款非常适合您。消费者需要按正规的流程来购买保险，不要掉入保险产品的陷阱。

要点总结

保险销售中的种种陷阱都是人为造成的，既有保险代理人的原因，又有投保人自身的原因。

保险的专业性和复杂性决定了消费者需要按正规的流程来买保险，保险没有最好的只有最合适的。要了解保险的等待期，用好保险的犹豫期。要在买保险的正确性上下功夫，不要在优惠打折上做文章。买完保险后，要告知家里的被保险人和相关受益人。

买保险常见的误区有哪些

消费者买保险，经常出现这样或者那样的问题，要么"踩坑"了，要么买晚了，要么买少了，要么买多了，反正就是买错了。总结消费者买保险的误区，大致就是以下几个。

误区一：先给孩子买，再给大人买

先给孩子买，再给大人买。这是消费者买保险最大的误区之一。当父母的往往会觉得：孩子的保险保障要完备，大人身强体壮暂没必要买保险。殊不知，孩子是要保险，但首先要保险的恰恰是大人。以家庭为单位投保时，最先考虑的，应当是在这个家庭中收入最高的人，也就是家里的经济支柱。

一个家庭买保险，正确的投保顺序应该是：先保大人、再保小孩。给大人买保险，才是真正给孩子上"保险"。

误区二：不着急，等等再买

保险是保意外、保疾病、保医疗的，就是为了保障一旦意外或生病时不降低生活水平。我们无法预测意外、疾病等风险和明天哪个先到，买保险不能等。尽早买保险，通过保险公司转移风险，就是为了保障消费者一旦失去工作能力时能延续正常的生活。

一般来讲，保险的费率（价格）是随着年龄的增加而增加的。比如养老年金保险，如果到50多岁后再买，一是加费、二是拒保，买不了保险的可能性大增。而且，即使我们成功购买了保险，也很有可能出现"倒挂"。倒挂就是假如我们50多岁才买养老保险，由于最多只能缴到60岁（男性），保险费会很高，而且一旦60多岁出现身故，就不能再领养老金了，还不一定比得上存入银行的定期利息。

从风险的防范上，买保险不能等。从经济的角度，保险是越早购买越轻松。意外险、健康险如此，其他保险产品也是如此。

误区三：买了保险，以为什么都保了——买错了

有人要买重大疾病保险，却买了理财险；本来想买保大病的保险，结果买了分红保险或者万能保险；要买医疗保险，却买了养老保险；以为恶性肿瘤保险和重大疾病保险是一个险种……这些都是消费者经常买错保险的情况。

误区四：不计成本地买保险——买多了

不计成本地买保险，买多了也是不行的。如果一家人的年收入才10万元，保险费每年得花两三万元，显然会因此影响到家庭生活品质，更严重的是会因为断缴而导致保险单失效。

误区五：有点保险就行——买少了

消费者购买保险需明确两点，一是明确需求，二是明确预算。

家里如果没有什么经济负债，最主要考虑的就是当意外、重大疾病等风险来临影响到工作能力时，医院治病及收入中断的损失要提前有较合理的计算，一般一个家庭每年所缴的保险费宜定为家庭年收入的10%—15%，保险金额定为家庭年收入的10倍以上为宜。

误区六：自己不买，还不让亲戚朋友们买

很多没有保险观念的朋友，自己不买保险，当发现亲戚朋友们买时，还加以阻挠。这是非常糊涂的行为。因为亲戚朋友一旦遇到意外、重大疾病等需要大量开支时，一定会找自己借钱，不借，亲人朋友就没命了，借了，自己成了亲戚朋友们的"保险公司"。

误区七：不如实告知

一些消费者在投保时故意隐瞒真实情况，尤其是被保险人的真实情况，以达到少缴保费或规避核保、让保险公司顺利承保的目的。但是，《中华人民共和国保险法》有明确规定：投保人故意隐瞒事实，不履行如实告知义务的，保险人有权解除保险合同。这种情况一旦发生，就会面临"买了也白买"的风险。

误区八：不愿看条款

很多消费者买保险时，感觉保险合同条款太多，像天书，只要明确缴多少保费就好。这也就导致了消费者尽管购买了保险，但真正了解保险内容的并不多。不少投保人都是在保险代理人和亲朋好友的说服下购买的，对于哪些险种合适，哪些险种不合适，自己并不清楚，就稀里糊涂地投了保。

在未详细阅读保险单和保险合同条款的情况下签名，会为后续纠纷埋下隐患。在决定投保之前，消费者一定要在保险代理人的指导下仔细阅读保险条款，了解将要购买的保险产品的关键内容，尤其是保险责任和免责条款等。

误区九：以为保险只需缴一次，不知道要缴续期

很多消费者觉得，只需花不到 2 万元就能买一份 50 万元的重大疾病保险，完全有能力购买。但却没有意识到，保险有趸缴和期缴之分，趸缴是一次性将保费缴清，期缴一般是每年都要缴，缴费期会达到 20 年、30 年甚至更长时间。如果是期缴保费，就需要每年续缴，消费者需要知道未来几十年是否有能力正常续缴保险费。所以买保险要全盘评估，量力而行，做到保费与保额的最优化。

误区十：以为保险是投资

有些消费者以为通过买保险可以赚钱。买保险要回报，要通过买保险赚钱。实际上，财产保险是不可以的，它遵循损失补偿原则，即不能通过购买保险获得额外的利益。人寿保险，尽管我们可以购买很高保额的保险，一旦发生意外，会得到一笔高额的身故保险金，但生命是无价的。而且，买人寿保险的主要功能是保险保障，能够抵御通货膨胀的分红保险之类属于另外的险种。一些返还型险种所具有的本金返还、利息给付等功能，只是保障功能的一种补充，是为了满足消费者的还本心理设计的。如果消费者基于投资回报的初衷而购买保险，那就本末倒置了。

误区十一：请人在保险单上代签名

代签名是保险监管机构、保险行业协会和保险公司等多层面明令禁止的"天条"，有些客户为了方便，请他人代替在投保险单上签名。消费者并不知道亲笔签名这道手续不能省略，一旦发生代签名，合同从一开始就是无效的。也就是说，一旦未来被保险人发生保险事故后，保险公司有理由拒赔。

误区十二：保险单放好万事大吉

由于保险产品的保障期限通常较长，有的是保一辈子。许多保险消费者购买保险后往往将保险单束之高阁，久而久之，就会遗忘，有时甚至忘记了已购保险单的保险责任，以至于出现重复购买同类型保险，而其他该买却没有买的情形。

消费者要做好保险单管理，列一个表格填写明细，管理好自己历年购买的保险单。也可以请保险代理人帮自己做好保险单管理。本书后续章节会就如何做保险单管理作详细介绍。

误区十三：给车买保险却不给家人买，给财产买保险却不给家人买

很多人，给车买了保险、给家里的财产买了保险，也给住房贷款作了抵押保险，却没给自己和家里最重要的亲人购买保险，这虽然很普遍，但那是错误的做法。

误区十四：轻易要求退保

购买保险后，退保是最不划算的行为！不要轻易退保。

消费者需要理解保险是个特殊商品，严格意义上讲，购买后保险公司开始承担责任，就已经不能"退"了。即使"退"，也只能退保险单的"现金价值"，这个数字与所缴保险费的差距是很大的，而且实际缴费年度越短，差距越大。保险公司在处理退保仅缴前两年内的保险单时，只会退极少量保费。

选择保险公司不能盲从

购买保险是大事，甚至是一辈子的大事。所以购买保险要谨慎，选择哪家保险公司同样要谨慎，不要只看价格，要有更多综合全面的考虑。选择保险公司，不能盲目跟从别人。

消费者购买保险，选择购买哪家保险公司的保险产品非常重要。因为与消费者签订合约的乙方并非是保险代理人，真正与消费者签订合同、未来负责为消费者提供保险理赔或给付责任的是承保保险公司。

在我国，单单提供人寿保险产品的保险公司就多达70多家，有保险销售资格的保险代理公司、保险经纪公司和保险销售公司等保险中介机构更是数以千计。那么，消费者到底该选择在什么样的保险公司购买保险呢？

我国目前保险公司的类型有国有控股保险公司、股份制保险公司以及合资保险公司、外资保险公司。其中，正常营业的有国寿、平安、新华、太平和太平洋5家国有或股份制上市人寿保险公司，有泰康、华泰、民生、中意、工银安盛、恒大和友邦等70多家内资、合资和外资非上市人寿保险公司。

那么，到底哪家保险公司"最好"呢？由于消费者购买保险时，往往是通过保险代理人的引荐。但问题是，由于我国的保险代理人制度主要是以"专属代理人"为主，消费者在市场上遇到的保险代理人，95%以上都是某家保险公司的专属代理人，显然，这些保险代理人首先会向消费者极力推荐自己所在公司的保险产品。这样，消费者在产品选择上就面临着一定的局限性。

消费者要学会简单辨别保险公司的"优"与"劣"。尽管我们知道，保险公司不会破产，但各家保险公司的背景、实力、运营机制和企业文化等不同，所呈现出的产品的丰富度、理赔效率、售后服务还是大不相同的。

首先，保险公司的背景非常重要，股东背景、资本金实力、偿付能力都是我们衡量一家保险公司市场竞争力强弱的基本标准。很显然，刚成立不到几年的保险公司，与发展了几十年甚至逾百年的保险公司，在稳健性的判断上，后者要优于前者。再比如，注册资本金实力与偿付能力。偿付能力 300% 以上的，显然要好于偿付能力处在《中华人民共和国保险法》和中国银行保险监督管理委员会规定的边缘线上的保险公司，比如市场上现在不少保险公司的偿付能力甚至不足 120%，这就非常危险了。

当然，市场上也有些成立时间不是很长，但很有特色的保险公司。有的主要经营富有竞争力的重大疾病产品，有的是经营专业的健康险公司，有的是经营专业的养老金公司，消费者可根据自身需求的不同，找到适合自己的首选保险公司。

其次，要看保险公司的市场口碑与服务承诺。保险公司竞争力强弱的一个很重要的因素就是市场口碑。有的保险公司整天疲于应对各种各样的处罚或投诉，有来自保险监管机构的大小罚单、有来自市场监管局的整改处理、有来自消费者的各类投诉。而有的公司，属银保监会及其省市监管局的 A 类监管对象，这类是监管机构最为肯定的保险公司，基本没有处罚或整改要求，有的保险公司投诉案件很少，有的甚至努力追求"零投诉"。

关于各家保险公司的服务质量，有的保险公司非常注重服务承诺，比如向社会公开承诺理赔款在保险公司收到投保人、被保险人或受益人理赔申请后 10 日内、7 日内甚至更短时间内赔付到账。对于简易保险产品，有的保险公司承诺 T+1 甚至 T+0 赔付，理赔款当天就能到账。各家保险公司在理赔速度和服务态度等方面是相差很远的，除理赔速度差异之外，在服务质量和服务态度方面，有些保险公司，客户一旦发生理赔，客服人员会主动打电话、保险代理人会主动上门为客户服务，而有些公司，需要客户跑前忙后找保险公司，两种感受天壤之别。

购买保险，转移经济风险获得赔付是消费者的唯一目的。赔得是否及时、赔得是否足额，显然是消费者选择保险公司的一个最为关键的考虑因素。

最后，还要看要投保的保险公司的经营发展状况，比如公司的发展速度、业务规模、企业诚信评估等级等，这些指标会直接影响到该公司的盈利能力、产品分红、偿付准备金率、理赔速度等关键市场竞争力。

如果消费者在专业的保险中介公司购买保险，同样不能盲从，也要保留选择承保保险公司的权利。

有了这些辨别保险公司是否靠谱的基础知识，消费者就可以在保险代理人的推荐下，选择适合自身实际需求的保险产品了。

• 要点总结 •

保险公司的股东背景、资本金实力、偿付能力、成立时间都是消费者选择保险公司的重要指标。要看保险公司的市场口碑与服务承诺；赔得是否及时、赔得是否足额，也是消费者选择保险公司的一个最为关键的考虑因素；还要看要投保的保险公司的经营发展状况，比如公司发展速度、业务规模，企业诚信评估等级等，这些指标会直接影响到该公司的盈利能力、产品分红、偿付准备金率、理赔速度等关键市场竞争力。

保险计划书要这样看

在消费者购买保险、缴纳保险费之前，保险代理人往往会提供一份投保保险计划书。消费者通常是很难看明白专业且略显复杂的保险计划书的。保险计划书该如何去看，会看的人会仔细盘算，不会看的人会觉得眼花缭乱。如果消费者能掌握阅读保险计划书的方法，选关键的看、选重点的看，就很容易清晰明了。

首先看保险责任

保的险种是什么名字并不重要，重要的是保险责任，保的是什么。消费者要看清楚是保意外、保生病还是保养老，是保门诊医疗、保住院、还是保重大疾病，保哪些重大疾病，什么时候起保，保到什么时候，是凭发票报销还是定额给付。

然后看除外责任

看完保险责任，再看除外责任。也就是说既要了解什么情况下保，还要了解什么情况下不保。花不小的费用，获重要的保障，一定要看清楚保险责任与除外责任。

再看缴多少钱

保险费科不科学、合不合理是门学问。合理的保险费为家庭年收入的10%—20%。看完保费看保额。保额就是理赔时赔多少钱。科学合理的保额，一般为家庭年收入的10倍以上。单个被保险人的重大疾病保险保额为50万元或以上。

还要看缴费多长时间

消费者一般应该选择尽可能长时间的缴费，每年缴的保险费会相对较低，这符合保险以小博大的基本原理。还要看一下断缴保费的宽限期是多长时间，一般情况为 60 天。

最后看受益人选定的是谁

受益人包括生存受益人和身故受益人，生存受益人为被保险人本人，身故受人最好是在投保时就指定，并且明确受益的比例。指定受益人对保险金的领取受法律特别保护。

同时，也要明确如何领取保险金。保险金的领取方式一般有现金领取、累积生息、抵缴保费和缴清增值等几种。

消费者能做到这样看保险计划书，就更"保险"了。

保险合同切忌随便签字，更不能代签名

保险合同是要式合同，切忌随便签字，签字就意味着承担法律责任，保险合同更不能代签名，否则该保险合同会成为无效合同，不仅影响赔付，造成"白买了"，而且还可能被追究法律责任。有时候，不仅保险代理人要承担法律责任，投保人也要承担法律责任。

随便签名、代签名的几种情形

消费者在达成购买保险行为之前，有多个流程需要签字确认。

首先是投保书。投保书中，由于投保人或被保险人要履行"如实告知义务"，对投保书中的健康告知，打"√"画"×"要诚实负责、如实告知，投保人和被保险人的签名处，必须由投保人本人和被保险人本人在对应签名处亲笔签名，只有被保险人为无民事行为能力人或限制民事行为能力人时，比如被保险人为儿童，可以由其监护人签字。签名前要明晰保险条款上的保险责任和除外责任，要对自己的如实告知内容加以确认，切忌随便签字。

然后是财务问卷调查。对于购买风险保额较大保险的投保人来讲，除了要在投保书的健康告知处作身份、财务等简要告知外，保险公司还会出具专门的财务问卷调查表和健康体检表等补充核保承保辅助材料。这些材料也要保证真实有效，投保人本人须谨慎、亲笔签名，不得由他人代签。

在不知情的情况下被保险代理人代签名不行，主动授权保险代理人代签名也不行，投保人替被保险人签名同样不行，这些代签名均属无效行为。切记，必须由投保人和被保险人本人亲笔签名，否则最终会影响投保人和被保险人的利益保障。

保险代理人曾某为投保人李某办理了一份保险金额 50 万元的重大疾病保险，为了促成快速签单，填写投保书时曾某在李某未知情的情况下在投保人和被保险人签名处代替李某签名，李某按照曾某的要求留下了缴纳保险费的银行账号信息，并作了银行自动扣缴授权。保险合同生效后，保险代理人曾某向李某递送正式保险单（保险合同）时，李某发现投保书的多处签名处都签有自己的名字，经询问得知是代理人李某自行代签。李某遂向保险公司提出退保要求。保险公司依据事实，向作为投保人的消费者李某作出道歉并退还了全部保险费。事后，保险公司为规避该保险代理人的违规作业风险，对曾某作出了解除代理关系的处理，并向行业协会做了备案。

此案例中，尽管保险合同已经生效，但由于代签名现象属实，而且保险单尚处于犹豫期内，投保人或被保险人有权利要求终止合同，保险公司退还所缴全部保险费。

随便签名、代签名的法规规定

随便签名、代签名是保险行业明令禁止的"天条"。《中华人民共和国保险法》明文规定："以死亡为给付保险金条件的合同，未经被保险人同意并认可保险金额的，合同无效。"

投保是件严肃的、具有法律效用的事情，必须按法规办事，容不得半点含糊。根据我国保险监管机构发布的《关于规范人身保险经营行为有关问题的通知》，关于投保人、被保险人签名的事项有明确规定。投保人、被保险人因残疾等身体原因不能签字的，由其指定的代理人签字。

随便签名、代签名的不良后果与补救办法

随便签名及代签名会带来诸多不良后果甚至法律责任。

对于投保人和被保险人，代签名存在不确定的拒赔风险。一方面，代签名可能被保险公司拒赔。保险公司一般将代签名保险单视为无效保险单，会做出拒赔或退保的处理。不过，依据最高人民法院的司法解释，如果投保人在由保险代理人代在投保险单上代签名后，仍然缴纳保险费，那么就认定为投保人对签名的追认，保险合同有效。另一方面，实操中很多骗赔案件就存在代签名现象，道德风险没有得到有效规避。尤其是含有身

故责任的保险合同，必须有被保险人的亲笔签名，否则会被判定为"逆选择"或"恶意投保"，不仅保额拒赔，连投保保费也不予退还。实务保险理赔案中存在着迫害被保险人骗取保险金的社会乱象。亲笔签名有利于抵御这种道德风险的存在，保证被保险人的人身安全和保险单功效。

对于保险代理人，不管是自己替客户签名，还是默认投保人替被保险人签名，都将负最直接的法律责任。一旦因代签名出现合同纠纷，保险代理人将承担全部责任并丧失从业资格，被列为保险行业"黑名单"。

保险代签名对保险代理人、被保险人和投保人等多方都是不利的，因此消费者购买保险时，无论出于什么原因，都一定要由投保人和被保险人本人亲笔签名，避免日后理赔引发纠纷和连带法律责任。

保险代理人戴某与投保人刘某是同学关系。在戴某向刘某销售保险产品时，刘某在外地出差，于是刘某让戴某到家中找自己的妻子拿银行卡和身份证复印件等投保所需资料。戴某到刘某家中找到刘某的妻子拿到了相关材料后，回保险公司运营部门交单承保，并代替刘某在投保书上的签字处作了代为签字。该投保单投保的是终身重大疾病保险，缴费期限为 20 年，每年缴保险费为 9800 元，投保人与被保险人是同一人，均为刘某。刘某从外地出差回来以后，戴某向刘某递送了保险单和公司的相关彩页介绍。此后，刘某每年在续缴保险费日期都正常缴费，5 年下来总共交了 49000 元保险费。直到 2021 年，刘某和戴某因其他经济纠纷反目成仇，刘某想起在戴某手上买过保险一事，于是向保险公司起诉，以投保书不是自己亲笔签字为由要求退还历年所缴全部保险费。

法院依据最高法《司法解释（二）》描述，消费者在与保险公司签订保险合同时应在签名处由本人亲笔签名。该案中尽管是保险代理人戴某代为签字，但投保人刘某已经缴纳保险费，视为其对代签字行为的追认。据此，法院认为，在整个投保的过程中，从填写投保书、收取保险费到承保再到后来向刘某当面递送保险单，应视为刘某对戴某代签名行为已经明知。在此后长达 5 年的时间里，刘某也在正常续缴保险费，刘某的行为属于积极履行保险合同，是对戴某代签名行为的追认。于是，法院认定刘某追认了戴某代其订立保险合同的行为，保险合同真实有效，判决驳回刘某的诉讼请求。

上面的案例说明，面对代签名现象，一定要妥善处理，避免诉诸法院，危害到相关方的经济利益。一旦发生并发现代签名现象，消费者可以采取以下措施加以保全或做相应处理。

办理补签保全手续。可通过事后追认的方式确认合同效力，即到保险公司办理补签名手续。补签名是对代签行为的事后追认，属保全程序，具有法律效力。

与保险公司协商退保。如果投保人不认可这份保险，可以与保险公司进行协商，终止保险合同，由保险公司退还所缴保险费。如果投保人确实认定自己在投保时遭受销售误导并被隐瞒代签名事实，申请后保险公司仍不同意终止合同，可以通过诉讼的方式进行解决，也可以向当地银行保险监管机构和市场监管局说明情况，要求退保。

要点总结

保险合同保障着被保险人及保险公司双方的重大利益。保险合同切忌随便签字，更不能代签名。投保书上的所有签名处必须由投保人和被保险人本人在相应的签名处作亲笔签名，代签名现象会影响到保险合同的有效性、最终影响到保险单的赔付。如果发现代签名，投保人和被保险人有权作出退保处理，或者进行补签追认，确保保险合同继续有效。

保额大小，保障多久，自己来决定

从专业的角度看，保险公司永远不会有"最好"的产品，只会有最合适的产品。因为每个人都是独立的个体，每个家庭都是独立的家庭。每个人的年龄结构、身体状况、经济条件、保障需求等都不同。所以，买什么样的保险、买多少保险、保险金额定为多少、保多长时间，都需要根据投保人和被保险人的实际情况决定。

中国人往往有从众心理，爱赶潮流。见保险代理人在宣传某个名人买某个保险，消费者也往往不假思索地跟着去买。保险代理人让买什么就买什么，保险代理人让买多少就买多少，这是要吃亏的。消费者买保险一定不能跟风，不能别人买什么自己就买什么。

买保险正确的做法是，可以听取保险代理人的专业建议，但真正决定具体的险种、保障时间、保额多少，消费者需要向保险代理人如实讲述具体情况，再根据具体情况来决定保额、缴费及保障年限等。

关于保险费和保险金额的确定，也就是每年交多少钱，赔的时候赔多少，这个一定要科学，要结合投保人的自身情况。保额定少了，保障肯定会不够。保额定高了，会增加很大的经济压力。一般来讲，个人买保险，保费宜定为个人年收入的 10% 左右，保险金额定为个人年收入的 10—15倍；给全家人买保险，总的保险费不宜超过家庭年收入的 15%，保险金额定在家庭年收入的 10 倍以上。

至于保多长时间，显然是保终身最好。但如果是保终身，保险费会相对较高，年轻时购买，要么保额不够，要么有经济压力，可以先买定期保险，待经济条件相对宽裕后，再买保终身的保险为佳。

总而言之，购买保险，一定要结合自身的实际情况，量力而行。保额多高、保多长时间，科学决定，使合理的保险保障能真正为我们的生活保驾护航。

第三章

买保险，到底怎么买

本章主要阐述家庭保险规划的五大铁律和买保险的四个层次。本章围绕一家之主需要哪些保险，老年人需要哪些保险，孩子需要哪些保险，收入不稳定的人怎么买保险，中产家庭需要哪些保险，保险什么时候买最划算……本章对这些到底该怎么买保险的情形，给出了权威而详细的解答。

家庭保险规划的五大定律

面对各种不可预测的风险，消费者需要通过人寿保险来做好家庭经济规划，确保家庭经济生活的稳定延续。做好家庭保险规划，需要遵循以下五大定律。

4321 定律——家庭资产科学分配

家庭资产需要科学分配。常言道：鸡蛋不能放在一个篮子里。家庭资产的合理安排和分散投资是家庭理财的首要定律。一个家庭，其资产安排应当包括平时要花的钱、保命的钱、保本升值的钱和投资生钱的钱四个部分。

40% 保本升值的钱。这部分钱应占家庭资产配置的40%，是家庭经济长远稳固的根基所在。比如消费者需要准备好养老金、子女教育金和一些银行定期存款、分红保险理财等。

30% 生钱的钱。这部分钱是帮助我们的生活从温饱走向小康的保证。用于生钱的钱，需要占家庭资产的30%，随着通货膨胀的加剧，把钱存银行已不再是最好的保值增值理财方式，要选择多元化的投资方式，使有限的资金能获得最大增值。可包括投资股票、基金、房产、邮票钱币、玉石字画等收藏品。

20% 保命的钱。保命的钱，就是一旦家庭出现重大变故，比如身故、罹患重大疾病、意外伤害而无法工作，不仅没有收入，而且还需要向医院支付一大笔费用时，需要准备的钱。尽管保命的钱需要的数额非常庞大，保险的出现，让我们只需要运用整个家庭资产的10%—20% 来购买保险，就能得到很科学的配置。

10% 平时要花的钱。这个理解起来很简单，就是平时衣食住行要花的日常生活费，这部分资金要保持其现金性，放在银行活期账户或短期理财产品中，便于随时支取。

墨菲定律——杜绝"万一"，确保家庭经济稳定延续

墨菲定律通俗讲就是"越怕出事、越会出事，怕什么、来什么"。保险的意义与功用恰好成了墨菲定律的"疫苗"，人寿保险是解决墨菲定律一旦发生的良方。人寿保险是人类最伟大的发现，它可以延续人的经济生命。保险就是经济保障，买保险就是买安心。保险虽然不能改变我们的生活，但它能够防止我们的生活被改变。

家庭保险规划中，包括意外险、重大疾病保险在内的保障型险种是每个家庭必须具备。

31 定律——掌控家庭债务风险

31 定律，简单来讲就是指家庭每月必需的"刚性"支出，不能超出家庭年收入的1/3，这是一个家庭承担风险能力的正常比例。

消费者在进行家庭理财投资前一定要理性，要对自身的风险承受能力加以科学评估，充分评估家庭资产负债状况、家庭现金流能力，尤其是孩子教育、房贷、车贷等数额较大又是刚性需求的支出项目。

对于庞大的中产阶层来讲，房贷、车贷是其家庭开支的重要一部分，这个比例要把握好，比例过低、过高皆不妥当。过低，显然会制约生活水平，而过高则会产生资不抵债的风险。房贷、车贷等家庭每月固定的大笔开支，要控制在家庭月收入的1/3这一比例最为科学。

算清楚家庭每月的贷款压力后，可以针对贷款还款额度作相应的保险规划，比如，购置一份保险金额与房贷等额的保险，真正做到"留爱，不留债"。未来不管发生什么风险，房子永远是自己和家人的。否则，如果丧失还贷能力，房子真有可能被银行收回了。

80 定律——年龄与风险投资负相关

80 定律，是指可用于风险投资金额比例 =（80-您的年龄）×1%，随着年龄的增长，抵抗风险的能力逐年降低，家庭各项开支的比例需逐年收紧。而保险作为长期稳健的风险管理工具，所占比例应逐渐提高。

家庭要做到未雨绸缪，未来的意义远大于现在。仍以养老为例，很多人没有建立应有的退休储备，准备不足。为了保障晚年生活的基本资金需

求，家庭要对将来一定要用的钱设置专门账户，来解决未来大家无法确定的养老、重病、意外等风险问题带来的资金压力。

双 10 定律——家庭保险要合理配置

家庭保障做足，尤其是家庭成员中的顶梁柱——挣钱最多的人要做足保障。

花多少钱买保险，到底保额保多少才是科学合理的呢？一个家庭，保费支出要合理，全家人总计花多少钱购买保险一定要量力而行。总的保险费定在家庭年收入的 10%—15% 为宜，具体到家庭成员个人比例配置来讲，花费到经济支柱身上的保费比例要相对高一些，可以配置到 15%—20%。保险金额，也就是保险公司未来最多能赔付多少。这个额度也要科学，因为保额越高、保费支出会越多。一个家庭，总的保障额度定为家庭年收入 10 倍或以上较为科学、合理。

消费者遵循这五大定律，在配置保险的时候作充分借鉴参考，家庭保险理财规划方向上就基本上不会有大问题了。

你是否知道保险的四个次序

人们普遍对保险理解不深刻。很多消费者经常买错保险，被动地买保险，保险代理人推荐什么就买什么，买错保险顺序的事情时有发生。

我在某知名网站举办保险讲座时，有网友问："我已经有一份万能保险，想买一份养老保险，是追加万能保险还是重新买一份养老保险呢？"

在回答他的问题之前，我问他之前买了意外险和重大疾病保险没有，他说没有。显然，在他的心里，还没有真正理解"保险"的概念，他不是在买"保险"，而是在买"理财"。

由此看来，保险市场上存在购买保险不理性甚至紊乱的现象。保险供需市场，理当是买方市场，而事实上却是卖方市场。保险交易，保险代理人推销的痕迹太重，结果变成了保险都是卖出去的。这就导致了应该的情形与事实的情形颠倒，无疑损害了消费者的利益，更影响了保险业的健康发展。保险业作为稳定国计民生、保障人们经济生活安定的伟大行业，本应该以高端的形象面向大家，却在过去几十年的发展中做成了"菜市场买卖"。

保险，包含四个次序，首先是意外险、疾病险等传统保险，然后是养老保险，再是生死两全保险、定期给付（分红型）等衍生保险产品，最后是万能、投连等投资类产品。购买的先后次序不能颠倒。

次序一：意外险、重大疾病保险、医疗保险。对于一个家庭来说，严重的意外事故会带来巨大的经济负担，意外险能够提供生命和安全的经济保障。重大疾病保险和医疗保险，对解决人们的巨大医疗开支和经济生活维持，能起到雪中送炭的作用。

次序二：养老保险、子女教育婚嫁保险。购买养老保险可以帮助消费者"强制储蓄"且保值增值，作为"年轻时为年老时所做的准备"，能解决养老金的问题。购买子女教育婚嫁保险，是消费者将孩子顺风顺水、平平安安养育成人的重要经济保证。

次序三：生死两全保险、定期给付（分红型）等衍生保险产品。这类保险是还本型保险，既有保险保障的功能，又有抵御通货膨胀、资产保值增值的基础理财功能。这类险种非常符合我国广大消费者的现实心理需求，在保险市场上所占份额较高。

次序四：投资理财类保险。市场上售卖的万能保险、投连保险和变额保险等，都是保险公司推出的投资类产品。保险行业有专门的保险资产管理公司，通过专业投资管理团队对投保人缴纳保险费中的可运用资金部分进行投资操作，实现较为丰厚的收益回报。

男人首先要买什么样的保险

作为家庭经济支柱的男人，身边总有需要他去承担责任的人，父母、妻子、儿女、弟弟、妹妹……当男人健康、健在的时候，可以通过努力工作为家人获得充足的物质保障，可是，一旦男人出现意外离开这个世界、一旦男人患病无法继续工作，怎么办？这是一个非常现实的问题。

男人看上去顶天立地、强大无比，但在疾病面前，男人比女人更加脆弱。在当今社会，职场竞争力加剧、身心压力巨大，交通、疾病等意外风险无处不在。作为男人，随时可能出现不可预知的各种疾病及意外风险，只有通过购买人寿保险来保障延续男人的经济生命！作为男人，保险必须具备，首先必须购买的是意外伤害（身故）保险和人寿保险。意外险的保险责任最单一，保险费最低，刚上班、收入不稳定的男人首选此种保险。男人真正要购买的是人寿保险，人寿保险由于不仅保意外，而且保疾病身故，因此，保费会相对较高，但是它是男人真正的"身价险"。男人配置人寿保险的必要性通俗点讲就是不让自己"免费死""白白死"。

俗话说，"嫁汉嫁汉，穿衣吃饭"。男人自己要主动买保险，妻子也要帮助丈夫购买保险。男人在买房结婚期，更要购买足够的人寿保险。男人一旦贷款购房，就意味着承担了巨大的房款债务，这时，男人必须购买意外伤害保险和人寿保险，其保险金额的额度要大于或至少等于购房贷款的金额，假如家庭负债为70万元，则保障额度要至少定在70万—100万元。

在购买意外伤害保险的同时，男人还必须购买重大疾病保险。因癌症去世的武打明星计春华、央视著名主持人李咏等，在抗疫中因感染新冠病毒而牺牲的李文亮、夏思思、梅仲明、彭银华、廖建军、黄文军等。

一旦罹患重大疾病，医疗费无疑将是一笔庞大的费用！如果没有购买重大疾病保险，没有将风险转移到保险公司，那么这笔医疗费用将是一个天文数字。购买了意外险和重大疾病保险的男人，结果就不一样了。

如果一个 30 岁的男性，年缴保费 8000 元，30 年期缴费，保险金额 50 万元，一旦承保，次日零时起就已经拥有以下 6 项保障，一是因意外身故获 50 万元保险金；二是因全残可获 50 万元保险金；三是因罹患重大疾病可获 50 万元保险金；四是因罹患常见的多种重大疾病可获 100 万元的双倍保险金；五是因罹患重大疾病还再获得几万元的护理津贴；六是如果活到 60 岁健康无事，可获满期生存金，金额为 30 年来所缴的全部保费。

可见，男人买了保险，面对风险可拿保险金，不出险可领生存金。

男人首先必须购买的就是意外伤害保险、人寿保险和重大疾病保险，在经济保障上成为有真正责任感的男人。在此基础上，可以进一步购买生死两全保险、万能保险等其他保险衍生产品。

• 要点总结 •

男人首先要购买的是意外伤害保险和人寿保险，确保自己的"身价"。重大疾病保险也是男人的优先且必备险种。购买上述险种确定保险金额时不能低于家庭的财务负债总和。

女人这样买保险很重要

无数事例告诉我们，保险对于女人，无比重要。一旦有意外发生，消费者没有不认可保险的，相反格外依赖保险，她们作为保险单受益人只会问两个问题：一是保险金有多少，二是什么时候可以拿到。

25 岁是女人的黄金年龄，也是生育的最佳年龄，这期间需要尽早购买保险。

从各家保险公司的保险产品费率来看，女人在 25 岁到 40 岁期间购买保险，保费最低廉，最划算，保额只要在 50 万元以内，还不用体检，直接承保。这是基于女人在 40 岁之前，是身体体质最好的年龄段。过了40 岁，随着年龄的增长，同样的保额，保费会越来越高。女人过了 50 岁再购买保险的话，时间就相对较晚了。不过，随着人们生活条件的改善，各家保险公司对年龄在 60 岁以下的女人，也都是有各类保险产品可以提供的。

女人购买人寿保险，保险首先是保障，据年龄与性别，25 岁到 50 岁的女人，与男人购买保险的优先次序略有不同，建议首先购买终身重大疾病保险。这类险种兼具重大疾病保障和身故保障功能，保险金额建议定为 30 万元以上，50 万元更为妥当。保险缴费年期采用 20 年期或 30 年期缴皆可。有些保险公司还有专门的女性重大疾病保险商品，比如女性原位癌、乳腺癌、子宫癌等特定女性重大疾病保险，由于针对性相对较强，保费会低许多。有了这份保险，女人就有最基本的保障了。

女人结婚前，重大疾病险和意外伤害保险是一定要购买的。结婚后，作为一个家庭的核心成员、作为家庭安定和幸福的源泉，这个时候，就需要准备全面的保障了。总的来讲，女人购买保险的次序是，先意外险、重大疾病险、医疗险，后养老理财，再购买万能、投连等投资型险种，可以兴旺家业，为家庭经济保驾护航。

要强调的是女人购买保险，在不同险种上的必要性，与男人是有较大差别的。女人由于其生理特性，常常处于弱势群体，因此，女人更有必要购买养老年金保险，这一点女性朋友们要记牢。如果单位给员工投保了企业补充年金保险，女性朋友可以提前测算一下退休后的养老金构成与额度，没达到预期的话，可以用个人商业养老保险作补充完善。由于养老年金保险的主要功能是理财，风险保障的作用很有限，所以女人在购买养老年金之前，有必要让自己首先拥有一定保额的意外及健康保险保障。

越早保险越轻松。很多女人在年轻时容易忽视购买保险，到快40岁才着急买保险。如果女人超过40岁，购买年金保险，此时费用就相对较高了。若到50岁或以上的年龄再决定买保险，此时既不适合购买重大疾病保险，一是费用高，二是体检核保难过关；也不适合购买养老年金险了，因为很可能出现费用倒挂的情况。

● 要点总结 ●

女人买保险要趁早。女人购买保险需遵循的次序是，先意外险、重大疾病险、医疗险，后养老理财，再购买万能、投连等投资型险种。女人更有必要购买养老年金保险，尤其是对于工作单位没有给员工办理企业年金福利计划的女人。

收入不稳定的人怎么买保险

对于收入不稳定的人如何买保险，这一节内容我将以"一问一答"的形式告诉大家。大概有以下几种情况。

问：我刚毕业，才工作两年，工作一直不稳定，买了意外险，还需要买其他的保险吗？

答：工作两年，买了意外险，这是很及时、很必要的，建议您尽早购买重大疾病保险，保额定在 20 万—30 万元。有了这类基础的保险保障，您就可以全身心工作，而不会因意外、疾病产生的经济风险忧心了，待日后收入增加后，再将重大疾病保险的保额提升至 50 万元。

问：我想买份重大疾病险，工作不稳定，自由职业，月收入平均 7000 元，未婚，27 岁男性，有五险一金，该选什么险种？

答：你提的问题很好，购买重大疾病保险很有必要，建议您购买终身重大疾病保险，终身重大疾病既保重大疾病又保身故，保障相对全面。可选择 30 年期缴，保额 30 万元。

问：我 25 岁，月收入 6000 元左右，未婚。除了农村医疗保险外没有买过任何保险，最近想买一份保险，主要是想万一有疾病可以有个保障，其次是老了可以有个生活保障，减轻儿女负担，保险费用在 6000 元/年以内，按这个诉求和预算，我买什么保险比较实惠，受益最大，请帮我把缴费年限，最高医疗补助是多少等加以说明，谢谢！

答：建议你购买一份保障 30 万元的终身重大疾病保险或者 20 万元的终身重大疾病保险，附加意外伤害 20 万元的组合保险。选择 30 年期缴费，保费约为 6000 元以下。您如果目前是属于离开老家（户籍所在地）在外地工作的情形，以您目前的年龄以及诸多人寿保险公司推出的附加意外伤害医疗及疾疾门诊医疗的理赔较为复杂的特点，建议谨慎购买医疗补助类保险。

问：我30岁，月收入1万元，该怎样配置保险，请给全面配置方案。

答：险种上，建议买意外险和重大疾病保险，意外险保额50万元或以上，重大疾病保险30万元。等经济条件宽裕后，再加保以及购买其他类型的保险，形成完整保障。保费上，每年一共要缴的保费控制在年收入15%以内，所占比例不宜过大，避免出现续期缴费的压力。缴费期的选择上，缴费期数越长越好，比如选择缴费30年或交到55岁（女性）、60岁（男），充分运用保险保未来风险的特征，用最小的保费，换取同样额度的保障。

按以上标准，您每年花费1.5万元左右的保费，就可以轻松拥有必要的保险保障。具体保险方案是：一份50万元以上保额的意外险、一份30万元保额的定期重大疾病保险，经济条件允许的话，再配置一份一年期的百万医疗保险，一份50万元保险的定期人寿保险。

"不惑之年"的人应该买什么保险

本节就一些案例，仍然采用"一问一答"的形式和大家交流"不惑之年"的人，应该购买什么样的保险。

问：我没有固定的收入，今年40岁，您看我可以买什么保险？

答：我不知道您的家庭构成，一般来讲，40岁的年龄，是上有老下有小且家庭开支相对较大的年龄段，首先您一定要买50万元或以上保额的意外险，如果您的经济条件允许，重大疾病保险也是必须购买的保险产品，如果您没有固定的收入，可采用趸缴的形式，一次性缴清保险费，或者年缴保费的方式需要视您的经济情况而定。上述意外险和重大疾病保险（至少20万元保额）是必须买的。购买完上述保险后，待经济条件改善时，可以再购买两全型理财保障类险种。

问：我今年40岁，女，自由职业者，有社会保险，年收入20万元左右，想投健康险或重大疾病险，请问有什么推荐品种，怎么组合好？

答：以您的年龄和职业，需要您及时购买意外险及重大疾病保险。保险是越早购买越轻松，建议您购买50万元保额的意外险及50万元保额的重大疾病保险。由于您是自由职业者，如果没有办理社会保险的话，建议附加医疗保险。以上总计年缴保费控制在您年收入的15%以内。另外，如果您购买的重大疾病保险不是以主险形式存在，而是以附加险形式对您进行承保，请您要求保险公司明示"可保证续保"，确保您的重大疾病保障可持续有效。

问：我是第一次接触保险，能否介绍一下哪几种人寿保险产品比较适合我的个人情况？谢谢！

答：您的想法很好，不妨直接找当地该公司保险代理人为您提供保险服务，向其明确要求先购买意外险和重大疾病保险。保险代理人会据您的家庭和个人实际情况设计保险组合。但不管怎样，给您设计的组合产品计划书中，意外险保额不要少于 50 万元及重大疾病保险保额不要少于 30 万元。另外，由于您是首次接触保险，您选择保险代理人时，切记尽可能找"优秀的保险代理人"，为您提供专业、超值的销售服务。

老年人能买什么保险

我国人口老龄化正加速来临，而且高龄化、空巢化、失能化现象越来越明显。据数据统计，2021 年，全国高龄老年人达到近 3000 万人。"老有所养、老有所医"是每位老人、每位子女的共同期盼。

老年人能买什么保险？保险是年轻时为年老时所做的准备。从这个意义上讲，60 岁以上的老年人是不能买保险的。

互联网上售卖的一些 70 多岁都还能购买的保险，大多是营销的噱头，实际作用并不大。比如，互联网保险产品中"热卖"的老年人重大疾病保险产品，投保年龄放宽到 70 岁以上。由于人们在 45 岁到 60 岁是身体好坏的分水岭，大多癌症等重大疾病患者主要集中在这个年龄段，包括更年期在内的年龄阶段，人们的身体机能波动很大。一旦过了 60 岁，身体没有大毛病的人往往身体机能就相对稳定下来了，网上一些互联网保险产品就是抓住这个承保点，设计一些恶性肿瘤类的癌症险种，同意 60 岁甚至 70 岁以上的人群购买，但核保条件非常精明，对体检中发现身体里带有结节的，往往直接拒保。同时，这类保险只对恶性肿瘤承保，而对于心脑血管疾病等老年人相对容易罹患的重大疾病，却不在承保范围。

相对来讲，对于年龄在 50 岁以上且身体健康的、向"老年"阶段过渡的人群，还是可以购买一些保险保障的，越早购买越有利。

如果男士已经到了 55 岁，一般来讲，已经不适合购买各类保险了。特别是重大疾病保险、医疗保险两大险种，保险公司一般不予承保，对拟受理投保险单，保险公司也会要求被保险人做严格的体检，很难走简易程序承保，即使承保费率（保险价格）也会比较高。另外，养老年金险，亦不适合购买了，养老保险作为返还性理财产品，55岁以上的人所缴保险费给予保险公司做资金运用的时间过短，因此，购买养老保险可能出现年金回报比极低，甚至可能会出现倒挂的情形。

年金险的年金领取保险公司一般是这样规定的，从60岁开始每年领取固定额度的养老金，如果被保险人在60多岁去世，领取时间不足10年，保险公司将按10年计算给予该保险单身故受益人剩下的"养老金"，保险合同终止。如果被保险人在领取10年后去世，则保险合同即刻终止。

55岁或以上的人是可以考虑购买意外险以及理财类保险产品的，只是保险费都会相对较高。超过50岁的人购买保险，特别是购买疾病类保险，要通过严格的体检核保，才能被保险公司承保。通常是需要加费或是拒保。即使通过体检，保额也会有所限制，而且费率会相对较高。不过，如果当事人有强烈的购买大病险的意愿，且身体健康，建议购买终身类重大疾病保险为妥（如果为附加险，则要求保险公司明确"可保证续保"），选择承保保险公司可以同意的最高保额购买。

值得一提的是，我国不少保险公司正将保险与医疗、养老结合起来，建设具备养、护、医、送等多功能的医养结合养老机构，将保险资源与医疗资源和养老资源相结合，实现保险、医疗、养生、康复、敬老等"保医养"三位一体化。目前泰康保险在这方面正加速创新实施，人保、国寿、平安、新华和太平等保险公司在"保＋医＋养"综合发展方面都各具特色，这些都是国人未来享受与时俱进的医养服务的福音。

某保险企业专门推出了对接养老社区的养老年金保险产品和配套的医疗保险保障产品，让老年消费者拥有生存金给付和现金分红等多笔现金用来支配生活，保障其长期财务开支。在就医上享有预约就医、优先就医、一对一就医服务，在保障功能上突破社会保险限制、承诺保证续保至99岁或报销特殊门诊费用等人性化专享服务。

市场上的保险供给主体正致力于保医养建设。消费者可以通过购买保险产品，优先获得预约就医、高端养老院的准入资格和增值服务，在"医"方面获得医疗服务、专家健康咨询服务、健康体检服务、老年疾病护理服务、大病康复服务和老人临终关怀服务等；"养"包括生活起居照护服务、精神慰藉服务、老年人文化娱乐服务等，实现活力养老、文化养老、健康养老和科技养老，让人们优雅地老去。

中产家庭需要哪些保险

我国的中产阶级大多具有良好的教育背景，"家庭"是对他们未来5年生活信心指数影响最大的因素，但明显缺乏必要的理财规划。

中产家庭的保险保障需科学投保，全面规划。总的来讲，中产家庭的财务安排主要包括"健康保障""子女教育""退休规划"和"财富管理"四个方面。这四个方面均需要保险来兜底，层层推进。

"健康保障"是立身之本，以家庭经济支柱为被保险人的意外及健康险是首先要投保的，身价保额应当在100万元或以上；同时要购买50万元以上的重大疾病保险，实现较为完整的健康保险保障。

子女教育和退休规划，适合用子女教育婚嫁保险和养老年金来实现，这是保险公司的优势所在，保险公司有专门的保险资产管理公司，对长期持有的保户保费具备专业投资增值的显著优势。

财富管理建议交由专业的投资理财机构来操作，比如购买优质银行理财产品、银行代售基金产品、国债等有价证券，也可以留一部分用于投资股市，但股市回报较大的同时风险也高，建议投资股市的资金不要超出家庭现金资产的30%。

中产家庭三口之家较多，资金实力与保险需求均大同小异。随着国家"三胎"政策的放开，"四口之家""五口之家"也会越来越多。小家庭人身保险保障可大致按如下组合加以配置：首先给夫妇俩各自购买100万元或以上的意外险（夫妇中收入较高者保额可在保险公司同意承保的情况下尽可能提高），各自购买50万元的终身类重大疾病保险，投保书上做勾选时，选择互为投保人和身故受益人。

孩子宜购买意外险和少儿重大疾病保险，家里有两三个孩子的也都要购买。在此基础上，可进一步购买诸如大人为被保险人的生存返还型理财产品、小孩为被保险人的子女教育婚嫁保险。另外，对总保费的控制，年缴总保费以不超过家庭年收入的 15% 为宜，一般不要超过 20%。

需要提示的是，夫妻二人的养老金准备不可忽视。随着家庭积蓄的稳步提升，可以考虑尽早购买养老年金，这类产品的配置，比例可以高一些，如果家里没有房贷、车贷压力或者压力较小，每月存款余额较多，建议拿出 1/3 以上的资金用于养老金配置，作为社会保险养老保险部分的补充，提前为未来养老生活作财务规划，将来可明显改善退休后的生活品质。

很多朋友买保险之前总爱打电话询问我，请教什么时候买保险最划算。我就告诉他们，我又不是诸葛亮，会掐、会算。不过，从专业的角度，我确实知道什么时候买保险最划算。这个时限在保险条款上已经列得很清楚。我说您去医院看一下那些躺在病床上的人，他们 90 天前买保险最划算。您再去马路上看看那些不幸出车祸的人，他们 24 小时前买保险最划算。如果能保证一辈子不会有风险，那就不买也蛮划算。说到划不划算，其实，买了就赔，只是小"划算"，不需要赔才是大划算。所以说，划算就是不划算，不划算才是真正的划算！中产家庭购买保险，除了要买得对，还要买得早。

保险条款对保险责任一般都有规定，保险公司对因意外发生的保险责任，自缴费次日零时起保险合同生效。对因疾病发生的保险责任，有 90 天或 180 天的观察期，过了观察期，承担该保险责任，在观察期间内出险，保险公司是拒赔的。中产家庭要尽早通过保险来转嫁未来可能会发生的家庭经济风险。

如果只买一种保险，我会推荐它

很多朋友问我，何老师为什么您推荐的重大疾病保险都那么便宜，我之前买的保险要贵好几倍？我说，把你的保险单拿我看看。我一看就发现，他买的是保费返还型的险种。

而我一向推介的是消费型保险，因为那是真正的保险。这类保险，可以做到把最少的保费预算用在最核心的风险管控上。消费者买保险，首先是为了保风险，有保障，一定要和投资理财区分开。

很多人买保险时，会有一种心理，如果没出险，所缴的保费不就白花掉了。保险公司正是抓住消费者这种心理，推出一些保费返还型产品。出险有钱赔，没出险退还保费。但是很多人忽略了一点，同样的保险金额，返还型保险所缴的保费是消费型的好几倍。

如果一个 30 岁的人，购买消费型定期重大疾病保险，保障期为 30 年。每年缴 4000 元，要连续缴费 20 年。总缴纳保费为 4000×20=80000 元。如果期间无病无灾，这 8 万元不能拿回来。若买的是返还型，在同等保障范围与保险额度下，在缴费上，每年要缴纳 25000 元，20 年下来就是 50 万元。如果到期没有出险，可以拿回 50 万元本金，保险公司还会多给 10 万元。这么一看，很多人会误认为买返还型保险很给力，白白赚了 10 万元。其实我们更应该算一笔账，如果我拿 8 万元出来买保险，剩下的 42 万元用来理财，根本不用 30 年，我们通过购买理财产品所得到的收益要远远多于 10 万元。

所以，如果只买一种保险，我向大家推荐消费型保险。消费型保险就是指投保后，保险公司按照合同约定的保障内容进行给付，在约定时间未出险，保险公司不返还所缴保费。买消费型保险相当于把钱花在保障上，这是最体现保险价值的产品，用最少的保险费投入去博取最大的保险金额回报，能够发挥保险保障的杠杆作用，通过较少的保费转移未来的风险。

而返还型保险与消费型相比，就是可以返还保费。很多消费者不去细究却盲目喜欢这类保险。殊不知羊毛出在羊身上，我们多缴的保费相当于定期储蓄放在保险公司，保险公司通过拿这笔钱来投资，借助投资收益来抵销保障所需要的保费。

保险公司，首先是经营保险产品的地方，其次才是投资理财的地方。我们买保险要首选消费型保险。借助这种保费最便宜、保障最高的消费型保险来应对生活中意外、疾病、身故、医疗等各类风险。

买完保险后，切记还要建议亲朋好友买

买完保险后，消费者还要赶紧建议身边的亲朋好友们购买同样的保险！这是为什么呢？

消费者购买了保险，只能表明自己有很好的保险意识，拥有了很好的保险保障，但是，如果身边最亲密的亲朋好友还没购买保险，自身的经济风险将依旧存在。实际上，提醒并帮助自己的亲朋好友拥有保险的利益，就是在帮助自己，因为他们的问题同样会成为自己的困扰。如果不向保险公司投保，就等于向亲朋好友投保，而且完全免费！谁会愿意发生这种情况呢？

假如您有一个铁哥们，身患心脏病，要做心脏搭桥手术，需20万元的治疗费。如果这个哥们向您借20万元治病，您借还是不借？记住，他是您患难与共的兄弟，有这20万元您的兄弟就可以得救，没有这20万元就没命了。请问，这个时候您借还是不借？

不借的话您就从此会失去这个兄弟，您会内疚一辈子。如果您很重感情，很讲义气，做不到见死不救，伸出援救之手，硬着头皮借了，您未来的生活怎么办？指望他日后还钱？他心脏上搭着几个支架，有能力工作还您的钱吗？从此，您自己的父母、妻儿的生活会受到极大影响。您如果早就给他推荐了保险，他的经济风险就由保险公司来承担了，保险公司这时就会送来急用的保险金，而不用找您借钱，让您陷于进退两难的境地。

所以，消费者购买保险后，还要整理一下最亲密的亲朋好友的名单，提醒他们也要投保保险，让他们像您一样，拥有全面的保险保障。

另外，推荐您的亲朋好友、同事或街坊拥有保险保障，还有一个好处是有利于您单位、您小区能够成为保险公司的"大客户"。炒过股票的朋友都知道，证券公司有"大户室"，专门为大客户提供服务。保险公司也有大客户和团体客户。保险公司会把您作为"大客户"，未来一旦发现风险，将会快速地提供理赔服务

• 要点总结 •

消费者自己购买保险后，还要整理最亲密的亲朋好友名单，提醒他们也要投保保险，让他们像您一样，拥有全面的保险保障。提醒并帮助亲朋好友赶紧购买保险，是非常明智且必要的举动，帮助亲朋好友拥有保险其实就是在帮助自己。

第四章

人寿保险，解决人生中最大的风险

人寿保险是如何正确有效地解决人生中的经济风险的？您所关心的相关问题，在本章中能找到相应的答案。比如一个家庭中谁最需要人寿保险，不同人群人寿保险的特点和优劣有哪些，如何挑选合适的定期人寿保险，保额和保费之间如何平衡最合算，如何读懂免责条款里的除外责任，人寿保险保单是否可以避债，婚前投保，离婚后受益人是谁，单身时投保，婚后出险理赔金归谁，还有购买人寿保险必须懂的"冷知识"……

家里的顶梁柱最需要人寿保险

一个家庭，最需要买保险的人一定是家里经济收入最高的人，也就是家里的"顶梁柱"。家里的顶梁柱在任何时候、任何情况下，都需要为家人提供稳定而持续的生活开支保障。唯有"人寿保险"，能解决好这一问题。

人寿保险是被保险人在保险责任期内生存或死亡，由保险人根据合约规定给付保险金的一种保险。人寿保险的意义就在于覆盖家庭经济支柱的身故风险，解决因身故导致家庭经济来源突然断裂而引发的各种经济困难。但与重大疾病保险、医疗保险等其他险种相比较，人寿保险最大的区别是：它不是给自己用的，而是留给家人用的。俗称"爱的保障"。

给家里的"顶梁柱"买人寿保险，不一定非要买种保障终身的。

按保障期限，人寿保险的种类分为定期人寿保险和终身人寿保险两种，相应的保障权益也会有所不同。

相对于终身人寿保险来讲，定期人寿保险可以以明显较低的保费解决个人的人寿保障需求，而这正是保险的本质价值。它可以在您最需要意外或疾病风险保障的人生阶段，提供足够的经济保障。为了抵御意外风险，购买定期人寿保险来进行风险转嫁必然是首选。

每个家庭为顶梁柱购买人寿保险的风险保额是可以界定的，不应低于家庭经济支柱在平日里为家庭所担负的家庭支出，以及每月还房贷、车贷等家庭债务的总和。比如家里的房贷、车贷和孩子的教育开支负债总计100万元，则人寿保险保额应定为100万元。实质上，保险公司对投保人寿保险的投保人与被保险人是有严格核保流程的，保额超过100万元的人寿保险保单，不仅要做承保前的健康体检，保险公司还要对消费者个人和家庭收入情况进行调查，对家庭综合财务进行调查。因此，对于投保资质较好的消费者，应该尽可能高地调高保额。

　　一位在保险公司工作的男性高管自己买人寿保险的心得就是：只要保险公司敢卖，我就敢买，越高越好。用一句俏皮话说就是，家里的顶梁柱，活着时（因为工作）是印钞机，倒下去时是"保险金"。

　　消费者在购买人寿保险的实务操作上，若是购买定期人寿保险，主要是为了保障"顶梁柱"在 28—58 岁这个人生事业阶段最为关键的 30 年！因此，这个定期人寿保险建议至少要保到 58 岁。若被保险人在这个保险期限内身故，保险公司会向受益人给付保险金，让整个家庭上有老下有小，需要经济开支的阶段拥有持续的经济保障。

　　定期人寿保险的核心功用就是"死亡保险"，强调的是高杠杆保护家庭免受家庭经济支柱意外早逝带来的经济打击；终身人寿保险则是"身价保险"，终身人寿保险可以为被保险人终身提供身故保障，身故后能留给家人一大笔保险金。

　　购买终身人寿保险较定期人寿保险价格相对要高一些，但可以帮助消费者有效地做好资产切割、财富保全，是高净值人群的需求重点。定期人寿保险的性价比高，对于上有老下有小、背负着高额房贷、车贷的家庭"顶梁柱"来说，定期人寿保险是他们的保险刚需。

　　在我国，经常出现一些单一被保险人保额高达 1 亿元以上的天价保单，消费者每年所缴的保费在 500 万元、1000 万元或以上。

　　人生中的风险主要有意外、疾病和养老，从轻重缓急的角度看，由于最难预测和控制的就是意外和疾病，因此消费者在购买定期人寿保险的同时，意外险及医疗保险亦是给家庭"顶梁柱"购买险种的优先选项。与长期期缴定期人寿保险或终身人寿保险产品不同，意外险更多的是保一年，次年再次购买，不能保证续保，但购买意外险能很大幅度地提升家庭"顶梁柱"的风险保额，同时保费极低。重大疾病保险是长期期缴产品，也是家庭顶梁柱需优先购买的险种。给家庭"顶梁柱"购置了上述保险之后，就可以根据经济条件再作加保（提升保额）以及购买养老保险等次优先保险了。

　　市场上各家保险都有定期人寿保险、终身人寿保险等人寿保险产品，不少人身险公司还推出了专门的"顶梁柱"定期人寿保险。

比如有的人寿保险公司就推出定期人寿保险，专门针对家里的"顶梁柱"设计。保险金额高达百万元，如不幸身故或高残，保险公司将赔付身故或高残保险金，确保家人（指定或法定受益人）生活有保障。为提升这类保险的功效，一些保险公司对猝死也能赔，而且免体检，最高保额可达到 300 万元之多！猝死正是中年男性的职场高发风险！

中年男性职场高发风险案例时刻警醒我们：健康第一、释放压力，未雨绸缪，防患未然。发生在别人身上的是故事，发生在我们自己身上的是"事故"。不少行业的精英因超负荷工作而英年早逝。

针对家里"顶梁柱"的工作和生活特征，不少保险公司为他们设计了非常具有针对性的保险保障，比如现在的职业经理人、高级管理人员、企业家……自驾是常用代步工具，保险公司就在定期人寿保险的保险责任中专门设计了"私家车交通意外保障"，"顶梁柱"常年在外奔波劳累，通过这一保险责任给"顶梁柱"家人一份人性化的安心保障。私家车交通意外身故或高残最高还能额外赔付 100 万元！

以某保险公司某定期人寿保险举例：

消费者（被保险人）30 周岁，保险金额 100 万元，缴费 30 年，定期保险 30 年。保险费：女性仅 560 元 / 年，男性仅 999 元 / 年。这类保险，保障期间、缴费期间灵活可选，缴多久保多久，可根据家庭实际情况来量身定制。

• 要点总结 •

保险保的是经济风险、保的是财务危机。一个家庭，最需要买保险的是家里的"顶梁柱"。定期人寿保险和终身人寿保险是他们需要优先考虑购买的。定期人寿保险解决的是人生最关键阶段的保障问题，确保人生在 28—58 岁阶段拥有身故保障，保额不能低于家庭负债及孩子教育开支的总和。终身人寿保险在经济条件允许的情况下是最好的选择，保额与前述一致。

不同人群人寿保险的特点和优劣

关于保险，很多人对意外险和重大疾病保险了解得很清楚，也知道这两款保险很重要，每个家庭都要配置，但对人寿保险没有什么概念，甚至有的人认为重大疾病保险就是人寿保险，也弄不明白不同人群人寿保险的特点和优劣。

人寿保险是以人的生死为保险对象的一种保险，分为定期人寿保险、终身人寿保险、两全保险和年金保险。一般而言，人寿保险的功能主要在于保障家庭支柱的家庭责任以及财富传承和筹划。

定期人寿保险

投保的时候被保险人在投保单上选定保障期限，比如保到50周岁或55周岁或其他指定年龄。在保险期限内出险，保险公司就按照合同约定赔付保险金。如果被保险人在保险期限届满时生存，保险合同将自然终止。

有人说这多不划算啊，那不是白保了吗？这是典型的没有保险观念的人的错误想法。保险公司其实在被保险人过去的事业人生最关键的30年间天天都承担着几十万元或上百万元的赔付风险，这些都是被保险人用所缴保险费"买"来的保障。到了约定的保险期限，看似不能赔，不划算，其实，这个时候，人健在，这不就是最大的划算吗？

要知道，被保险人到了50岁、55岁仍然健在，据生命表和大数法则，一定有其他一些被保险人去世了，他们的家人得到了保险金赔付。

终身人寿保险

终身人寿保险以被保险人的生命周期为保险期间，如果被保险人身故或全残，保险公司会按照合同的约定的保险金额赔付给指定身故受益人。

与定期人寿保险可能最终得不到保险金、"白保了"不同，终身人寿保险是一种保险公司必然赔付保险金的保险，因为被保险人总有一天会身故，届时保险单的指定受益人就将得到一笔定额保险金。只要被保险人不是因为犯罪等特殊原因身故，保险公司都是要承担赔付身故保险金责任的。

两全保险

两全保险是指"生"和"死"两全，顾名思义是两种情况都赔。

保险合同约定的期限内，如果被保险人身故，则赔付身故保险金，保险合同终止。如果被保险人到期仍生存的话，则给付生存保险金，保险合同终止。

年金保险

年金保险是投保人缴纳保险费后，到约定年金领取年龄开始领取养老年金，与社会保险养老保险的领取年龄一致，女性可选 55 岁起领取，男性可选 60 岁起领取。可以选择年领与月领的形式，商业年金保险一般选择年领的方式。如果被保险人生存，养老年金是可以长期领下去的。

年金保险领取的特点是，被保险人活得越久，领得年限越多，越划算。因此，购买了年金保险的消费者要健康地活着，保险公司会每年为消费者给付年金，直至被保险人身故。

定期人寿保险和终身人寿保险的保额怎么选

对普通人来说，选择定期人寿保险就足够了。因为到了 60 岁，家庭收入减少了，家庭负担也转移到了下一代，而且房贷车贷也还完了，此时配置终身人寿保险有些不划算。终身人寿保险，保费更贵，支付时间更长，它主要被富裕家庭用来继承遗产。普通人不需要购买昂贵的终身人寿保险，因此，在挑选保额的时候要了解一下人寿保险的配置原则。

人寿保险保额的计算公式 = 未来十年的生活费 + 房贷余额 − 流动资产。

大概预估一下自己家未来的十年支出。既包括自己家一个月的生活开支（水电费、燃气费、和物业费等），也包括小孩上学、课外兴趣班、赡养老人等必要的其他生活开支。

大概预估一下自己的负债有多少。在当代的社会中大型的负债一般是房贷和车贷居多，这些一般是大型的负债，一般计算公式是：房贷 + 车贷 + 其他贷款。

流动资产指的就是能够快速或者短期内变现的资产，比如股票、基金等。

需要强调的是，在挑选人寿保险保额之前，一定要清楚自己购买保险的目的是什么，家庭经济条件怎么样，家庭经济支柱倒下之后会给家庭带来哪些重大损失，现阶段购买哪种保险压力会小一些，这些问题想清楚之后，人寿保险要买多少保额，心里也就更加清楚了。

如何挑选合适的定期人寿保险

定期人寿保险是"保险之父"

人寿保险最初的本源存在就是定期人寿保险。定期人寿保险是原汁原味的保险，是最能体现保险意义与功能的保险产品，它的特点与作用非常鲜明，就是纯粹的保障、保费最低，保障最高。

定期人寿保险是最体现保险本质的产品，用极低的经济成本，抵御最大的家庭意外风险，杠杆率很高。如果一位 30 岁的家庭主力，连续 25 年，每年缴费 1700 元，即可获得这样的保障：55 岁前去世，保险单受益人可获得 50 万元的一次性保险理赔款，用以生活开支、子女教育等用途。

定期人寿保险最能体现出责任与爱心，保的是身后之人，既是保险之本、又恰似父爱如山，所以定期人寿保险又被形象地称为"保险之父"，是最具爱心的保险。

哪些人更需要选择定期人寿保险

"上有老、下有小"的父亲们，最需要配置定期人寿保险。收入不稳定不充裕的年轻人，他们一般身负房贷车贷等债务，他们资金积蓄有限又是家庭的经济顶梁柱等，这些群体都需要首选定期人寿保险。买得起，也买得值！

定期人寿保险虽然是纯保障、无返还功能，但它的特点是"出事就能赔"。在保障期限内，如果被保险人不幸身故，就可以获得保险金，雪中送炭缓解家庭财务、债务上突然面临的巨大压力。

至于定期人寿保险的保障期限是选 20 年还是 30 年，这个保障期限也是因人而异的，一般建议是保到 55 周岁为宜，这个年龄基本上孩子大学毕业了，房贷车贷也还完了，此时家庭开支趋于平稳。定期人寿保险保障期限选取更简单的方法是家里房贷需还多少年就保多少年。孩子什么时候大学毕业就保到什么时候。当然，这些都是基于节约保险费，若经济条件相对宽裕，那就购买保险期限尽可能长一些的定期人寿保险，或者直接购买终身人寿保险。有些定期人寿保险可以保到 100 岁，其实是一种变相的终身人寿保险。

如何挑选合适的定期人寿保险

定期人寿保险是一款比较简单的险种，各家保险公司设计的保障责任都大同小异，所以选择起来并不复杂。由于产品简单、不需要体检，承保起来非常便捷，所以我们可以找保险代理人购买，也可以直接在网上购买。买的时候注意以下几点：

比较保险责任。买保险只有一个目的，那就是"赔"。所以我们选购定寿产品，首先要看保险责任，也就是保障范围。尽管定期人寿保险简而言之是保死亡、保全残，但各家保险公司说法不同，结果是千差万别。有的公司保障条款写着"意外 + 疾病"导致的身故或全残，有的写的是"意外 + 非意外"，显然，后者的保障范围要明显多于前者、覆盖面要广泛得多，因为"无疾而终"细究起来会有非常大的歧义，为了避免未来理赔时出现不必要的纠纷麻烦，要选择覆盖范围最广的产品。

选择价格较低的。由于定期人寿保险的保障责任简单纯粹、理赔标准也高度相似，所以选择时当然是哪家便宜选哪家。我们比较一下当时市场上卖的相对火热的两款产品，H 保险公司的大麦系列定期人寿保险，与 A 保险公司的定期人寿保险，其中的缴费差别还是不小的。被保人张先生、年龄 30 周岁，购买 100 万元保额、定期保 30 年，期缴 20 年。某 A 公司需每年缴 3130 元，H 公司每年仅需缴 1576 元。需要留意的是，购买定寿保险，有的公司对吸烟人群定价明显较高，而有的定价则不受吸烟与不吸烟的影响。

比较健康告知的内容。各家保险公司购买定期人寿保险的准入门槛是有一定差别的。健康告知、核保规则是否宽松，也是我们选购的重要指标。有的公司定期人寿保险产品核保时，对投保年龄在 18 岁以上，并不询问遗传性疾病和先天性疾病，而乳腺肿物或包块仅询问 40 岁以上的女性。有的公司对甲状腺结节、乳腺结节、II 级以下高血压、心功能不全 II

级以下这些常见疾病都不加以询问，所以都无须告知。保险公司一般仅承保 1—4 类低危职业人群，而有的保险公司对包括中高危等级在内的 1—6 类职业人群皆可承保，对井下矿工、高空作业、货车司机等高危职业都不作限购。

比较除外责任。看保险合同，主要看保险责任和除外责任，也是这份保险单保哪些；不保哪些，就是这款产品不保哪些内容。定期人寿保险的除外责任，越少越好，谁家的免费条款少，就买谁家的。不少保险公司的这类保险免责条款设计都很有竞争力，就三种情况不赔，即投保人谋杀；被保人自杀（2 年内）；被保人被刑事处决。而有的保险公司则不同，除了上面说的几种情况之外，往往还会对吸毒、酒驾、战争、核污染等拒赔。所以我们投保时一定要看清楚，比较后再购买。

要提醒的是定期人寿保险不可取代重大疾病保险，定期人寿保险保护身后人，重大疾病保险更多的是保护自己，含身故责任的重大疾病是保自己和身后人。定期人寿保险也不能取代意外险，意外险除了保障身故和全残，还有不同程度的轻状残疾保障，范围比定期人寿保险更广。

保额和保费之间如何平衡最划算

保费指投保人需要交给保险公司的费用。保额则指发生保险合同约定的保险事故以后，保险公司要赔付给被保险人的金额。花最少的钱买最全面、最高的保额，显然是我们对配置保险的最高追求。如何找到保额与保费之间的最佳平稳点呢？本节就来解决这个问题。

保费是选择期缴还是趸缴好

我们买保险的时候，会让我们勾选期缴或趸缴。趸缴是指一次性缴纳保险费后保险合同就有效了，以后不用再缴保险费了。期缴是指我们投保时就与保险公司约定好每年或每月（一般是每年）缴纳一次固定的保险费。

一般来讲，年轻人购买保险，由于经济条件不够宽裕，加之保险是保未来的风险，我们并不知道明天和风险哪个先到，所以，选择期缴好于趸缴，而且期缴的时间越长越好，因为在保额不变的前提之下，保费会明显降低。

张先生 28 岁，是北京中关村某高科技公司程序员，购买某消费型终身人寿保险（分红型），身故受益人选妻子和儿女。

同样是保额 60 万元，选趸缴需缴纳保险费 11.8 万元，选择 10 年期缴是 14800 元 / 年，选择 20 年期缴是 8000 元 / 年，选择 30 年期缴是 5830 元 / 年，选择缴到 60 周岁是 5625 元。

张先生选择的是期缴缴费至 60 周岁，投保还不满一年时，因用脑过度、加上长期加班而发生猝死。这份保险单，投保人张先生仅支付了 5625 元，受益人就获赔 60 万元身故保险金。

若是投保当时选择趸缴，同样是获赔 60 万元保险金，却要支付

11.8 万元，多支付 11 万余元保费。显然是选择长期期缴最符合保险的综合功用，最为划算。

整个家庭的保额与保费平衡

消费者要注意家庭保单中保险金额与保险费之间的科学平衡。在保险行业，就保额与保费的最优化有一个重要的购买原则——双 10 原则，即年缴保费占家庭年收入的 10%—15% 为宜，保额定在家庭年收入的 10 倍或以上。家庭成员个人购买保险总体可参考上述比例，但家里的经济支柱所缴保费占比要相对高一些。

人寿保险的保额与保费平衡

人寿保险主要是给家里收入最高的经济支柱配置的，家庭经济支柱首先要拥有人寿保险保障，而且保障的额度一定要充足，这一点不能含糊。如果说家庭其他成员的保险还可以视经济条件一步一步配备的话，家庭经济支柱则"一天也不宜等"。因为，为家庭经济支柱买了保险，等于是家里的孩子教育、房贷车贷、老人赡养以及其他家庭财务刚需得到了"保险"。

如果家庭财务预算实在有困难，保险金额过高缴费有困难，可以选定期类险种，这类选择同样的保额，保费会大大降低，可以保证家里的经济支柱可能通过保险在最关键的岁月中为整个家庭建立财务风险保障。

重大疾病保险的保额与保费平衡

重大疾病保险的保额都至少要保证在重大疾病治疗费用平均水平，一般来讲，重大疾病保险的保险金额选择定为 50 万元合适，最低不宜低于 30 万元，条件允许且能够通过体检承保的话，可以考虑 100 万元保险金额。

意外险和医疗保险的保额与保费平衡

意外险和医疗保险都是消费型保险，有工作单位的，且工作单位为职工办理了社会保险和补充医疗保险的，如果家庭经济条件不是很宽裕，这两个险种是可以暂时不买的，家中有小孩的可以通过学生平安险加以保障。如果要买，意外险买 100 万元作为人寿保险保额的补充。医疗保险可配一份百万医疗保险，这些险种在保险代理人手上或者直接在网上购买都可以，这类保险的保险费不是很高，如果你非常熟悉网购，购买及出险在网上直接办理也是很方便的。

综上所述，要达到保额与保费之间的平衡，使购买保险"最划算"，要切记保额尽可能取高，特别是对于重大疾病保险和人寿保险，否则就失去了保险最根本的转移风险的突出作用。

买保险是一个循序渐进的过程，不同的人生阶段有不同的侧重点，建议消费者在保险专家的指导下，一步一步完善保障，最终实现完整保障。

读懂免责条款里的除外责

保险作为有效规避风险的工具，其本身并不"骗人"。但不少人认为"保险的坑"很多，对买保险很不放心甚至心存抵触和畏惧。他们概念里的"坑"，其实就是没能读懂保险条款，尤其是没能读懂保险合同免责条款里的除外责任。

除外责任是指如果因为免责条款上所标明的事项导致发生风险事故，保险公司不承担赔偿责任。各家保险公司的人寿保险产品，一般都有以下七条通用除外责任：

①投保人对被保险人的故意杀害、故意伤害。

②被保险人故意犯罪或者抗拒依法采取的刑事强制措施。

③被保险人自本主险合同成立或者合同效力恢复之日起二年内自杀，但被保险人自杀时为无民事行为能力的人除外。

④被保险人主动吸食或注射毒品。

⑤被保险人酒后驾驶、无合法有效驾驶证驾驶，或驾驶无有效行驶证的机动车。

⑥战争、军事冲突、暴乱或武装叛乱。

⑦核爆炸、核辐射或核污染。

另外，保险合同中设定的等待期，有的是90天，有的是180天，这也是一种"除外责任"。

保险理赔对于普通人来讲，无非就是要么能赔，要么不能赔这两种结果。普通人眼中的"保险的坑"、嘴里的"保险是骗人的"，大都指的就是这些保险责任免除。

免责条款的在保险合同中的表现形式有显性免责和隐性免责两种情形。

显性免责：在合同上有一个固定的格式位置，明确写着不能获得赔付的情况，且字体加粗，提示明显。这一般是银保监会明令要求的。就像烟草管理局要求烟厂必须在烟盒上显著标明"吸烟有害健康"、证监会要求股票产品必须在条款显著位置标明"股市有风险、投资需谨慎"等一个道理。然而，即便如此，客户也容易忽略。

隐性免责：这类责任免除的表达，不是专业的人难以全面系统地发现，比如表述在保险条款中的免赔额、病种定义、投保规则、特别约定、名词释义等，都不是很明显。

买保险，除了读懂保险责任，还要看清楚责任免除，也就是哪些赔、哪些不赔，两者同样重要。只有在保障范围内，保险公司才会承担赔付责任。如果消费者在投保时不愿意花时间看条款，以为什么都保，买的时候就容易买错，理赔时就可能会吃亏。

保险的责任免除，到底怎么看？我们以重大疾病保险、医疗保险、意外险、人寿保险为例，分别看看不同保险责任免除的差异和共性，有哪些注意事项。

重大疾病保险的责任免除

各家保险公司推出的重大疾病保险，其责任免除是大同小异的。重大疾病保险的免责条款，一部分的责任免除与人寿保险是一致的，主要是防止投保人的道德风险，产生投保"逆选择"的情形。

另外，消费者要有一个清晰的概念，故意行为、违法犯罪和部分不可抗力，都是不保的。如果被保险人由于酒后驾驶，发生车祸，即使受伤的程度达到"重大疾病"理赔界定标准，保险公司也会以明确的"责任免除"条款为由加以拒赔。

医疗保险的免责条款

医疗保险是健康险的一个重要品种。医疗保险由于涉及费用报销范围的问题，免责条款比重大疾病保险要复杂得多。

从赔付出险概率看，医疗保险的概率显然是最高的。医疗保险所对应的除外责任也是最多的，在购买医疗保险的过程中一定要多加注意。医疗保险免责部分的共性条款通常是如下内容：

故意行为、违法犯罪等主观因素与不可抗力导致的事故不保，比如酒驾、战争等。既往症和非合同约定医院范围不保。

除此以外，有的公司对不同的保险产品还会规定一些个性化条款。比如有的保险产品核保规定，扁桃体、甲状腺、疝气、女性生殖系统疾病的保险，需要较长时间的等待期，少则 90 天，多则 180 天。心脏瓣膜、人工晶体、人工关节之外的其他人工器官材料费、安装和置换等费用，由于职业病引起的医疗费用等是在报销范围之内的。

意外险的免责条款

意外险的保障比较单一，只保意外风险，不保疾病风险。也正是意外险主要保障的是被保险人的意外，因此在核保过程中重点关注的并非保险人的亚健康以及疾病史，而是对被保险人的职业性质加以关注，对于工作类型上属于高风险等级的人，保险公司是不予承保的，更谈不上以后的理赔。

意外险通常的除外责任包括：中暑、高原反应、药物过敏、个体食物中毒、猝死等，还有一些意外险的除外责任中，加入了其他的免赔内容，比如高风险运动，如潜水、攀岩、滑雪、跳伞、赛马、赛车等，这些都是不保的。以上是不是与我们想的很不一样？所以，消费者投保时还是要多学习，了解一下后再购买。

意外险的理赔一定要准确理解"意外"的概念，不能含糊。意外险里的"意外"是指外来的、突发的、非本意的、非疾病的使身体受到伤害的客观事件。

人寿保险的免责条款

人寿保险的责任免除大同小异，相对来讲最为简单。也正因为此，人寿保险是网络销售的热门险种，不少人寿保险产品列明的除外责任很少。比如为预防"逆选择"的道德风险，故意伤害以及犯罪行为等导致的保险事故是拒赔的。二年内自杀显然也是不能赔付的。除了故意行为和违法犯罪行为，无论是疾病身故还是意外身故，都是可以获得赔付的。

如何发现"隐性免责"条款

保险合同是要式合同，我们只有买或者不买的权利，没有修改合同内容的权利。因此，要看清免责条款后再买，尤其是隐性免责内容。隐性免责通常分别散落在各个部分的条款和释义中，不少提示并不明显，很容易被忽视，需要我们擦亮眼睛去发现它。

隐藏在名词释义中

隐藏最深的莫过于名词释义里面的免责内容，并没有大大方方地写在显眼位置，需要从合同底部、字体很小的释义，或者翻到合同最后一页的名词释义，才能看到。

比如某知名保险公司的返还型意外险百万任我行，居然是不保摩托车意外的。条款在车辆释义里面某一条的最后一句写道：摩托车和拖拉机也不在保障范围内。

在消费者通常的认知里，既然是"意外险任我行"，那么开车出了意外当然得赔，但实际上，这个条款开摩托车、开拖拉机出险却不赔。到时候您还不能跟保险公司理论，因为保险公司理赔人员会在密密麻麻的保险条款中找这一免责条款，白纸黑字让消费者无处申冤。

另外，关于医院等级的界定、初次确诊的定义、救护车使用定义等，合同中凡有注释标志的，都需要消费者去了解一下其具体释义。比如重大疾病保险的理赔，要求是三甲医院确诊；比如医疗保险的理赔，大多要求是二甲以上等级医院的票据才能理赔。

隐藏在投保须知里

有一些除外责任隐藏在投保须知里面，比如消费者购买的汽车保险。其中的玻璃破碎险，是指挡风玻璃和车窗玻璃出现破损的情况，至于车灯、车镜、天窗玻璃等不属于玻璃破碎险的承保范围，而是属于车损保险的理赔范围。再比如全车盗抢险。顾名思义若不是全车被盗抢，只是车上的零部件，例如轮胎、车灯、后视镜等丢失，是不赔的。

人寿保险保单可以避债吗

对于人寿保险保险单能否避债，我们先来看个案例。

张某生前有 150 万元财产，用其中的 50 万元购买了保额为 150 万元的终身人寿保险，指定身故受益人是儿子小张。张某去世，遗产有 100 万元存款，120 万元债务，小张能继承多少？因为张某的债务大于遗产，所以小张对父亲的 100 万元存款遗产一分钱也继承不到。但是小张作为这份终身人寿保险的受益人，可以领取 150 万元的保险理赔金。那么，小张领取的保险理赔金要不要偿还父亲生前的债务呢？从法律的角度，不用偿还剩下 20 万元债务。

为什么会这样呢？《中华人民共和国继承法》第三十三条规定：继承遗产应当清偿被继承人依法应当缴纳的税款和债务，缴纳税款和清偿债务以他的遗产实际价值为限。超过遗产实际价值部分，继承人自愿偿还的不在此限。继承人放弃继承的，对被继承人依法应当缴纳的税款和债务可以不负偿还责任。简单讲就是，除非儿子自愿替父亲还债，否则可以"父债子不还"。由于父亲张某有 120 万元的债务，其 100 万元遗产需先行还债，所以这 100 万元遗产小张一分钱也拿不到。遗产是公民死亡时的合法财产，身故赔偿金不是被保险人遗产。人寿保险的身故理赔金，是以被保险人死亡为给附条件的理赔金，是被保险人死后保险公司才赔给受益人的理赔金，所以身故理赔金不是遗产。150 万元的保险理赔金根本不必走继承程序，小张直接可以通过"指定身故受益人"身份得到这笔保险理赔金。即使张某的债权人通过法院申请要求从张某的身故保险理赔金中拿出 20

万元来偿清债务，法院也不会支持。这就是人寿保险保险单避债的独特功用。

不过，如果张某在生前并未在保险单上写明指定身故受益人（包括受益比例），那么张某身故之后，这笔保险单的身故保险理赔金就会作为遗产由"法定受益人"继承了，此前，这150万元中就得拿出20万元优先偿还张某生前的债务了。《中华人民共和国保险法》规定：对于死亡保险金，当未指定受益人时，作为被保险人的遗产处理。倘若指定了受益人，则只能由指定的受益人领取。

所以，尽管人寿保险保险单可以避债，但要明确"指定受益人"，这个重要细节不能含糊。

我们再看一个例子。

> 刘先生一家五口人，家里有一套价值300万元的房子，100万元的存款。孩子刚成年，父母都还健在。刘先生之前一直在中关村创业，有500万元的银行贷款，从朋友那还借了100万元，加起来总共有600万元的负债。
>
> 刘先生在创办企业之前买了100万元的年金险。不久后经营失败破产了，银行冻结了存款，查封了房子，接着银行又要求法院强制执行刘先生之前购买100万元保险单，那么法院到底能不能强制执行呢？

保险合同是受法律保护的。原则上，保险到期之后，保险金由受益人领取，法院不能对受益人的保险金做处理。但是，需要注意的是，这份100万元的年金保险中是有额度不小的现金价值的，债权人可以通过向法院申请强制刘先生退保，通过保险单的现金价值来偿还债务。也就是说这份年金险刘先生是留不下来的。

如果刘先生换一种做法，就可以保住保险金了。我国在保险利益原则上采取的是"同意主义"，不管是不是投保人的利害关系人，只要被保险人同意为其订立合同的视为投保人对被保险人具有保险利益，人寿保险合同就可成立。基于此，方案是由刘先生的父亲老刘投保，刘先生的儿子小刘作为被保险人，自然小刘是可以作为受益人了。如此优化后，保险单的现金价值和满期保险金就与刘先生没有关系了。刘先生的儿子小刘每年可以领取七八万元的年金作为全家人的基本生活费用，不至于因为刘先生创业的失败，整个家庭都变得穷困潦倒。

由此可见，通过提前操作这种风险隔离，对一些经营风险较高的创业人士可以起到很好的经济兜底作用。

这个例子还说明，不是所有的保险单都可以避债。尽管法院对于债务人这种现金价值很高的年金类、理财性质的保险单会强制执行退保还债，但对重大疾病保险或者人寿保险类的保险单却不会。

重大疾病保险或人寿保险主要是风险保障，保障的是被保险人的身体和生命，现金价值一般不会很高。这类保险单都能起到很好的避债作用，但切记在投保险单上填明"指定受益人"及其受益比例。

婚前投保，离婚后受益人是谁

婚前投保，离婚后谁受益？由于大家投保的时间点不尽相同，并且婚姻关系甚至个人命运的变化，在某些时刻，是难以预料的。我们通过具体案例来加以阐述。

老马为自己买了一份人寿保险，受益人写的是妻子，但并未在保险单受益人一栏填写具体的名字。七年后，夫妻俩离婚了，老马并没及时变更保险单。后来，老马与孙芳结婚，不久，老马意外身故。老马的前妻与后妻为争夺保险金打得不可开交，公说公有理，婆说婆有理。

这个案件的焦点在于，受益人是按保险合同成立时的关系确定还是按保险事故发生时的关系来确定？最后，法院裁定此次保险金由现任妻子孙芳获得。因为最新出台的保险法对此种情形有明确界定。在本案中，丈夫为自己投保，受益人写的是妻子，一旦再婚的话，受益人就是现任妻子不是原配。妻子为丈夫投保，丈夫是被保险人，受益人是妻子，一旦经历再婚，受益人将依然是原配。

对于保险来讲，指定受益人与法定受益人是两个概念。我们买保险时，填写受益人时一定要填写具体姓名，以及具体受益比例。如果不指定清楚，那受益人就是法定受益人了。这个案例中，孙芳就是法定受益人。因此，为避免理赔纠纷，一旦家庭结构出现变化，一定要及时变更包括指定受益人在内的保险单相关信息。

但是，我们要清楚父母对子女有继承权，不因离婚出现变化。

罗小姐由母亲单独抚养长大，一次翻车事故带走她年仅 20 多岁的生命，她在生前为自己投保一份保额为 100 万元的意外险。罗小姐的母亲去保险公司报案理赔时，由于该保险单并未指定受益人，受益人为法定受益人，引发了家庭纠纷。

按照相关规定，罗小姐的保险单受益人为法定受益人，其保险金应均分给其法定第一顺序的继承人（配偶、父母、子女），其保险金由其父母申领。

罗小姐的父母早年离异，由罗母独自出资抚养长大，与生父感情生疏。对于 100 万元保险金，罗母认为其父无权享有，他没有尽过父亲的责任，这十几年既没有来往，也没有交过保费。

但法院最后判决此次保险金由其父母均分，其父亲可以领罗小姐身故保险金的一半即 50 万元。因为生父作为罗小姐的法定第一顺序继承人，法律赋予他平分这笔保险金的权利，这一项权利与婚否无关。

父母与子女之间的继承权不因父母夫妻关系解除而消失，父母亲与子女之间的权利、义务关系不因离婚而消除。在父母离婚后，无论子女是跟父亲生活还是母亲生活，父母双方都有抚养、教育子女的权利和义务，因而也有相互继承遗产的权利。

指定受益人、法定受益人、更改受益人分别指什么

2016 年，王女士为自己刚毕业工作三年的儿子小王投保了一份终身人寿保险，但是当时并没有指定具体身故受益人。2017 年，小王与小罗结婚并生有一个女孩。

2020 年，小王出差时遭遇车祸，不幸离开人世。保险公司按照合同需要支付 50 万元的身故赔偿金，王女士与儿媳妇小罗因为赔偿金发生争执。

王女士认为，保险是自己为儿子购买的，作为投保人支付了保费，并且配置保险时小王还未婚，投保时的法定受益人应该是父母。小罗认为，自己和孩子是法定受益人，有权分割保险金。

最后，经过法院审理判决，王女士夫妇、小罗及孩子四人为法定受益人，均分此次身故赔偿金。

这就是"指定受益人"与"法定受益人"的不同处理方式。虽然王女士在自己儿子未婚时投保了终身人寿保险，但并没有指定受益人。小王与小罗结婚并育有一女，根据相关法律规定，王女士夫妇与小罗及孩子均为法定第一顺序继承人，有权均分相应的保险金。

王大叔为自己买了多份人寿保险，保险单指定受益人是儿子小王。但是小王经常胡作非为，王大叔决定把保险受益人改成女儿。为了得到更多人的见证，王大叔叫来亲戚朋友，宣称更改保险受益人为女儿，但没有去保险公司变更受益人。

王大叔过世后，多份保险单的受益人造成儿子与女儿的纠纷，两

人为相应的保险金争得不可开交，但法庭判决所有的保险金被不孝顺的儿子获得，并没有如王大叔所愿。

保险金不同于普通类型的遗产，它的传承是靠合同约定，而与遗嘱继承并不一样。《中华人民共和国保险法》规定，被保险人或者投保人可以指定一人或者数人为受益人。受益人为多人，被保险人或者投保人可以确定受益顺序和受益份额。

《中华人民共和国保险法》规定，被保险人或者投保人可以变更受益人并书面通知保险人。保险人收到变更受益人的书面通知后，应当在保险单或者其他保险凭证上批注或者附贴批单。投保人变更受益人时须经被保险人同意。

当被保险人出险后，由受益人领取保险金。如果是法定受益人的话，保险金将作为被保险人的遗产由继承人继承。需要指出的是，当保险金作为遗产留给继承人时，继承人还要履行一定的义务，比如清偿死者生前的债务、税金等。

我们在投保时一定要填写具体受益人，不要填写法定受益人。如果要修改受益人，一定要到指定机构，即当时签发保险单的保险公司进行书面申请，并取得书面批注或批单。

买人寿保险必须懂的"冷知识"

人寿保险能够解决人生最大的风险！这个神奇的"无形"产品，有很多我们极易忽略的"冷知识"。购买人寿保险时，需要我们提前弄懂这些"冷"知识。

最不受待见的保险，恰恰是最值得买的保险

意外险、人寿保险是最不被人们待见的保险，因为只有死了才能赔，既不"吉利"又不可预知。然而，从它对我们漫漫人生长河无时不在的风险防范来讲，它却是"最保险"的保险。

最好的保险，并不是最贵的保险

保险并不是越贵就越好。比如保额为100万元的意外伤害保险，可能保费只需几百元，很便宜，但它是我们必备的保险，是"最好"的保险之一。

并不是买了一份保险就万事大吉

保险也是分门别类的，保障的方向有很多种，有意外、疾病、身故、养老等，每一种保险都有其局限性，不要认为买了一种保险，就是保了所有的风险。

买保险后"自杀"是"不赔"的，但也有"赔"的时候

《中华人民共和国保险法》规定："以被保险人死亡为给付保险金条件的合同，自合同成立或者合同效力恢复之日起二年内，被保险人自杀的，保险人不承担给付保险金的责任，但被保险人自杀时为无民事行为能力人的除外。"

也就是说，有些人为了骗保，买了保险就自杀。这种情况保险公司肯定是拒赔的。但是，如果买了保险，两年之后再自杀，哪怕同样也是为了

骗保，保险公司也是需要赔付的。

买了意外险，发生意外后，一定要"抢"在 180 天内（含 180 天）身故，否则，超出一天都不赔。各家保险公司的保险条款一般都会规定，被保险人因意外发生后，导致在 180 天内不幸身故，保险公司承担保险理赔金给付责任。

我们一般应该购买终身类保险，但有的人更适合买定期保险

终身类保险一般就是不管是否发生风险，最终保险公司总是要赔的，因为人总有百年归山的一天。但同类型的保险，定期的比终身的要便宜得多。这样的话，刚工作的年轻人因为经济实力还较弱，更适合买定期保险。

重大疾病保险和癌症险是不同的，保费差别也很大

重大疾病保险和癌症险是两个不同的概念，重大疾病保险保障的范围比癌症险要广泛得多，也因此重大疾病保险保费要高一些。癌症保险仅保恶性肿瘤，但重大疾病保险除了保癌症之外，还保冠状动脉搭桥等多种心脏手术、器官移植手术、严重烧伤、失语失明失聪、四肢残缺等。

同样叫"重大疾病保险"，但里面的承保理赔有明显的不同

我们买"重大疾病保险"，有的保 80 种、有的保 100 种，这种看似数字差别很大，但实际赔付差别不大，一般罹患重大疾病都有赔付。有的两次赔付、有的 4 次赔付。但 4 次赔付的不一定就比两次赔付的好。因为有的说的是 4 次赔付，但对一种疾病引起的则不赔。有的尽管只赔两次，但对同一种疾病引起的依旧赔付。只要我们认为自己在理，遇到保险公司拒赔，我们不要放弃。可以提请诉讼，法院一般会判保险公司赔。

比如我们购买了重大疾病保险，哪怕得了合同约定的重大疾病，但不符合保险单合同重大疾病定义，保险公司也可能会拒赔。若遇到保险公司拒赔，且金额较大，千万不要放弃，可以通过起诉，请求人民法院裁定。我国司法实际一般是按有利于"弱势"一方——被保险人的原则进行判决，判您胜诉。

职业发生大的变化时记得要告诉保险公司，否则可能会导致拒赔

保险公司往往会根据投保人或被保险人的职业类别不同进行收费和承保。但我们的职业往往并非一生不变，当职业变更尤其是发生重大变更（比如从事高危职业）的时候一定要及时拨打承保的保险公司电话或联系您的

保险代理人协助做保全。要询问新职业是否在承保职业范围内，如果不在，不要续费，待保险公司确认后再续保，避免日后一旦出险保险公司拒赔。

续期保费是可以"缓缴"的，但缓缴时不要超过 60 天

我们买了保险，快到保险续缴日期了，但这个月的工资还没发怎么办，或者刚好手头紧张怎么办？不着急，到期后 60 天内都是可以补缴的，并且不影响保险单法律效力。因为保险合同设置中一般都有 60 天的"宽限期"。

医疗保险卡不要外借他人使用，亲爹亲娘也不要

医疗保险卡借他人使用会留下他人的就医记录，而他人的不良就医记录有可能导致保险公司拒保。

不同保险公司有不同约定

哪怕是重大疾病保险中同一约定重大疾病或者同一约定轻症，其轻症定义或重大疾病定义也并非一模一样，比如说轻度Ⅲ度烧伤，有的是占全身体表面积 10% 才能赔，有的是占全身体表面积 15% 才能赔。

买保险也要看机会

有时候人满 40 周岁买 50 万元的重大疾病需要体检，有时候哪怕买 60 万元的保险也不需要体检。这是因为保险公司也有自己的保险产品促销期，热卖期间，会相应降低承保标准而吸引客户。

同一家保险公司有多个销售渠道，买的时候情形也有所不同

同一款保险，同样的条款，在不同的销售渠道购买，健康告知和投保须知可能会不一样，有的渠道承保起来会相对宽松。买保险时要多耐心看看条款，看清楚后再签字。哪怕签字后，若发现签错了、后悔了，也可利用犹豫期退保，此时退保最多损失 10 元工本费，过了犹豫期退保，损失就大了。

同类保险产品，有的保险公司在保险费上缺乏竞争力，就会省略重要的保险责任，大幅降低保险费。这种假象使得消费者看似得了便宜，但实际对风险转嫁没有好处，比如在设计意外险时仅有意外身故责任没有意外伤残责任。还有些意外险，在投保须知中规定，因溺水导致死亡，意外伤害责任保额减半。还有的保险公司，重大疾病保险非常便宜，但他家的重大疾病保险，居然不保身故责任。

为了买保险不吃亏，需要消费者擦亮眼睛，看清条款，了解这些冷知识。

第五章

重大疾病保险，我不想当朋友圈里轻松筹的主人

本章内容主要是有关重大疾病保险的知识，比如，重大疾病保险承保种类选多少合适，家庭中的重大疾病保险最该给谁买，有多少重大疾病需要承保，如何解读重大疾病保险的最大诚信原则和不可抗辩条款，重大疾病保险保障额度、保障期限怎么选，百万医疗保险并不能替代重大疾病保险，一年重大疾病保险怎么选……

重大疾病保险承保种类选多少合适

重大疾病互助与重大疾病保险有何区别

重大疾病保险作为健康保险的重要组成部分，是各家人寿保险公司经营的主要人身保险险种，是消费者需要首先购买的核心险种之一。重大疾病保险与我们在微信朋友圈里经常出现的所谓"重大疾病"轻松筹是不同的概念，后者并非"保险"。

当前市场上相互保、轻松筹、水滴筹等各种类型的"互助保险"层出不穷，它们并非真正意义上的保险，只是一种危机互助的形式，消费者通过会员制的方式先行入会，一旦未来身患重大疾病需要大量医疗开支时能通过众筹解决经济难关。这类"互助保险"其实是现代保险产生之前就广泛存在的久远事物，经过长期市场实践其弊端已被革新、进化或淘汰。被一些互联网公司在网上推出，重现市场后已引起监管机构的重视，为净化保险市场环境，促进现代保险服务业科学、健康发展，市场上一些走激进路线的互助保险机构已先后被责令关停。

重大疾病保险承保种类选多少合适

很多消费者在购买重大疾病保险时，发现有的公司重大疾病产品保50种，有的公司保80种，有的公司保100种，而有的公司重大疾病种类多达120种以上。如果选最多的，保费会不会很高呢，会不会白白多交钱呢，到底该选择多少种重大疾病才算合适呢？

各家保险公司的精算师们在设计重大疾病产品时，之所以设计的"病种"数量越来越多，主要是为了满足投保人的感官需求。实际上，保80种和保100种本质一样，不同的只是把同一种重大疾病拆分为2种、3种，甚至4种。银保监会对各家保险公司出台重大疾病产品都有明确要求，产品中必须至少涵盖以下 25 种重大疾病，并对这 25 种重大疾病保险的疾病定义作了使用规范。下面是具体的重大疾病种类：

恶性肿瘤——不包括部分早期恶性肿瘤

急性心肌梗死

脑中风后遗症——永久性的功能障碍

重大器官移植术或造血干细胞移植术——须异体移植手术

冠状动脉搭桥术（或称冠状动脉旁路移植术）——须开胸手术

终末期肾病（或称慢性肾功能衰竭尿毒症期）——须透析治疗或肾脏移植手术

多个肢体缺失——完全性断离

急性或亚急性重症肝炎

良性脑肿瘤——须开颅手术或放射治疗

慢性肝功能衰竭失代偿期——不包括酗酒或药物滥用所致

脑炎后遗症或脑膜炎后遗症——永久性的功能障碍

深度昏迷——不包括酗酒或药物滥用所致

双耳失聪——永久不可逆

双目失明——永久不可逆

瘫痪——永久完全

心脏瓣膜手术——须开胸手术

严重阿尔茨海默病——自主生活能力完全丧失

严重脑损伤——永久性的功能障碍

严重帕金森病——自主生活能力完全丧失

严重Ⅲ度烧伤——至少达体表面积的 20%

严重原发性肺动脉高压——有心力衰竭表现

严重运动神经元病——自主生活能力完全丧失

语言能力丧失——完全丧失且经积极治疗至少 12 个月

重型再生障碍性贫血

主动脉手术——须开胸或开腹手术

通常意义上的"重大疾病"里，这 25 种重大疾病基本都能加以涵盖。

据统计数据，罹患重大疾病概率第一位的是恶性肿瘤为 65.0%，第二位是心肌梗死（含急性心肌梗死）为14.4%，第三位是脑中风或脑中风后遗症为5.4%，接下来分别是冠状动脉绕道手术（3.6%）、慢性肾衰竭（2.7%）、良性脑肿瘤（1.4%）、心脏瓣膜置换术（0.8%）、重要器官移植或造血干细胞移植术（0.8%）、肝病末期（0.6%）、系统性红斑狼疮（0.6%）……根据《中国人身保险业重大疾病经验发生率表》更专业、权威的数据显示：恶性肿瘤占重大疾病保险理赔率的60%以上，前6种重大疾病占重大疾病保险理赔率的90%左右，银保监会规定的25种重大疾病更是占据了重大疾病保险理赔率的98%以上。所以，消费者购买重大疾病保险产品，并不是保120种就肯定比100种的、80种的要好，更重要的还是看保险公司的赔付机制和保险代理人的售后服务专业度。

2007年后，中国保险行业协会借鉴国际经验，组织专家团队制定了《重大疾病保险的疾病定义使用规范》，明确定义了25种高发重大疾病，并规定其中的6种重大疾病，所有重大疾病保险产品都必须包含。这6种必须包含的重大疾病是恶性肿瘤、急性心肌梗死、冠状动脉搭桥术、脑中风后遗症、终末期肾病和重大器官移植术。

我国各家保险公司推向市场的重大疾保险条款中，发生概率最大的6种重大疾病，以及其余的19种重大疾病在条款中也都有包含。

所以，消费者投保重大疾病保险，只要在正规保险公司投保，所有的重大疾病保险都包含有这25种重大疾病，满足了重大疾病保险最核心的保障。明确要求的25种规范重大疾病，已经占理赔率的98%以上，并不是投保重大疾病种类越多就越好，也就是说，多出来的重大疾病病种，理赔率一定微乎其微，其中不乏一些发生概率极低、非常罕见的疾病，被保险公司拿来凑数，在数量上形成售卖亮点，花多余的钱去购买，不划算，除非在保费差别不大的情况下，我们才有必要去选择种类数量更多的产品。

家庭中的重大疾病保险最该给谁买

重大疾病保险的本质是什么

"重大疾病"顾名思义，就是指那些病情严重、治疗花费巨大且相对不易治愈的疾病，这种疾病往往会一段时间内严重影响到患者及其家庭成员的正常工作、生活。

重大疾病保险作为健康保险的重要组成部分，是消费者必备的保险险种。购买了重大疾病保险，其本质就是为了防范一旦因罹患重大疾病无法工作，通过保险公司支付一大笔重大疾病保险金，来弥补因病造成的损失，重大疾病保险的本质是"收入损失险"。

家庭中的重大疾病保险最该买给谁

重大疾病保险的本质是收入损失险，其存在的意义就是为了保障人们家庭生活因承担家庭生活开支的人突然失去生活费来源，所以，家庭中最需要购买重大疾病保险的显然是家庭成员中的经济支柱，即收入最高的那个人，双职工作家庭的话，夫妻双方都是需要购买重大疾病保险的。

如何选重大疾病保险

我们知道，一款重大疾病保险，往往包含了银保监会规定的 25 种重大疾病保险，这 25 种重大疾病基本上把 95% 以上的重大疾病都囊括进去了。有些公司推出的重大疾病保险产品，声称保障上百种疾病，但其实重大疾病保险病种数量多少并没有意义，高发重大疾病是否包含才是关键。很多保险公司为了提高保费，添加了一些意义不大的病，例如国内发病率极低的埃博拉病毒、疯牛病等。

购买保险要擦亮眼睛，不要掉入重大疾病保险的"陷阱"里。购买重大疾病保险，要注意以下两点。

1. 分组。分组的意思是：分在同一组的疾病只能赔付 1 次，其他组的疾病还可以继续赔。选择重大疾病保险优先顺序是：不分组多次赔付 > 多分组 > 少分组 > 单次赔付。

2. 赔付次数。赔付次数的意思是：能赔多少次重大疾病。赔付的次数越多越好。多次赔付的赔付间隔期越短越好。

掌握了上述诀窍，就能安心给家里最需要重大疾病保险的亲人购买重大疾病保险了。

重大疾病保险中的重大疾病轻症

重大疾病保险中的轻症、中症、重大疾病是怎么来的

为促进现代保险服务业的健康发展，中国保险行业协会统一制定了《重大疾病保险的疾病定义使用规范》，对各大保险公司重大疾病种类进行了规范。也就是说，无论这家公司的重大疾病种类有多少种，哪怕上百种，其中 25 种的重大疾病定义，是统一的、必须具备的，而其他重大疾病种类，保险公司可以根据自己的实际情况，制定对应的定义。

各家保险公司早期推出的重大疾病保险达到"重大疾病"标准比较苛刻，甚至临近死亡了才能达到赔付条件。经常被诟病为"保死不保病"的情况。比如一些癌症，心肌梗死，尿毒症等，非要被保险人达到很严重的程度才能赔付。这样的市场实操结果就失去了重大疾病保险作为保障的初衷，而且往往尚未起到保障作用，人就去世了。因此，各家保险公司对重大疾病保险产品不断进行精细化分类，对重大疾病产品进行市场化细分，从而出现了轻症、中症和重症这些概念，也出现了一次赔付和多次赔付之别。

所谓的重大疾病轻症，重大疾病中症和重大疾病重症，甚至还有前症，后症这些近年来出现的新名词，到底是些什么疾病呢？

重大疾病保险中的轻症、中症、重大疾病的划分

重大疾病保险中的重大疾病轻症也好，中症也好，都不是某种疾病，而是某些疾病的统称。并不是特指某种疾病，而是某一部分疾病，统称为某种类型。主要是保险公司为了区分被保险人罹患重大疾病的严重程度和确诊后的赔付比例。不同保险公司之间的轻症或中症的疾病的定义或归类也不尽相同。

需要注意的是，轻症并不是说是轻微的疾病，中症也不一定是属于中间状态，更多的是一个汇总分类，方便客户更容易达到某种非严重的程度就能获得对应的理赔，从而进行及时的治疗。各家保险公司就重大疾病轻症和重症的划分，基本上是按同类重大疾病的前期状态和后期状态、非严重状态和严重状态加以分类定义的。

高发轻症：早期恶性病变，原位癌，皮肤癌。对应重症：恶性肿瘤。

高发轻症：不典型急性心肌梗死。对应重症：急性心肌梗死。

高发轻症：轻微脑中风后遗症。对应重症：脑中风后遗症。

高发轻症：冠状动脉介入手术。对应重症：冠状动脉搭桥术。

高发轻症：慢性肾功能衰竭。对应重症：终末期肾病。

高发轻症：单侧肾脏切除，肝叶切除，单侧肺脏切除。对应重症：重大器官移植手术或造血干细胞移植手术。

轻症：单个肢体缺失。对应重症：多个肢体缺失。

轻症：慢性肝功能衰竭。对应重症：急性或亚急性重症肝炎。

轻症：脑垂体瘤，脑囊肿，脑动脉瘤或脑血管瘤。对应重症：良性脑肿瘤。

轻症：肝硬化失代偿早期，早期肝硬化。对应重症：慢性肝功能衰竭失代偿期。

轻症：中度昏迷。对应重症：深度昏迷。

轻症：单耳失聪，听力严重受损，人工耳蜗植入术。对应重症：双耳失聪。

轻症：视力严重受损，角膜移植，单眼失明。对应重症：双目失明。

轻症：中度严重瘫痪。对应重症：瘫痪。

轻症：心脏瓣膜介入手术（非开胸）。对应重症：心脏瓣膜手术。

轻症：中度脑炎或脑膜炎后遗症。对应重症：脑炎后遗症或脑膜炎后遗症。

轻症：中度阿尔兹海默病。对应重症：严重阿尔兹海默病。

消费者从以上轻症的表述可以看出，这些疾病只要有钱治疗，其实是不可怕的，很多也是能够治愈的。

从轻症到重大疾病，一些保险公司还细分出了"中症"的概念，各家保险公司分别是如何定义的，患轻症和患中症的赔付比例是如何确定的，值得消费者花些时间学习和了解，或者直接请保险代理人做详尽解说。比如，如果某种疾病归纳在轻症范围，那么赔付比例在不同公司间有 20%—45%，如果是算中症，那么赔付比例可能是 50%—60%，甚至还有额外赔付。

有多少重大疾病需要承保

我们常常会直观地认为，重大疾病保险保障的疾病，当然是数量越多越好，保 150 种的当然要比保 80 种的更全面。事实上，这种想法不见得是对的，至少不是最优化的。

投保重大疾病，种类越多越好吗

我们知道，每一款重大疾病保险，一般都包含了中国银保监会规定的 25 种重大疾病，已经占理赔率的 98% 以上，这就是说，多出来的一些"奇怪"的重大疾病病种，理赔率一定不会很高，其中不乏一些发生概率极低、非常罕见的疾病，实际上是被各家保险公司精算师在设计产品时拿来凑数量的，更多的结果是白白增加了保费负担。

什么情况下重大疾病种类越多越好

对于消费者来说，尽管一些"奇怪"的重大疾病发生概率很低，也不等于绝对不会发生，保障当然是越全面越好。不过，重大疾病种类越多越好的前提是：保费不能因为增加了病种而明显提高，记住，是明显提高。

假如一款重大疾病保险，重大疾病病种从 90 种增加到 120 种，但价格贵了很多，那么为了追求这些概率很低的疾病而不惜付出高保费，显然是不理性的。当然，如果两款产品价格相差无几，保障形态相似，那么重大疾病数量多的产品，还是会比重大疾病数量少的产品更有优势。

需要注意的是，重大疾病保险和医疗保险均为健康险的重要组成部分，但两者的区别明显，重大疾病保险是给付型保险，一旦罹患重大疾病，不管看不看病，保险公司都会赔付，而医疗保险则不同，它是先治疗后报销的保险，只有花费了，才能凭发票及相关证明报销。还有一个重大的不同是，医疗保险一般为一年一保，一般不能保证续保，待年龄大了，待真正需要看病花钱的时候，可能医疗保险却保不了，高额的百万医疗保险也是如此，不能替代重大疾病保险。

如何解读重大疾病保险的最大诚信原则和不可抗辩条款

重大疾病保险中的最大诚信原则

最大诚信原则是保险合同成立的一条不可或缺的重要原则。

最大诚信是指诚实、守信。保险合同就是建立在诚实信用基础上的一种"射幸"合同，保险合同当事人行使权利，履行义务应当遵循诚实信用原则，要求投保人或被保险人向保险公司充分而准确地告知和保险相关的重要事实。实践中，这一原则更多地体现为对投保人或被保险人的一种法律约束，当投保人违反该原则时，保险公司可解除合同或请求认定合同无效。

就购买重大疾病保险来讲，我们填写投保书时，要如实告知被保险人的基本信息，生活习惯和身体状况，尤其是与重大疾病承保范围直接关联的一些因素，一定要如实告知。

比如工作性质和职业类别，重大疾病保多个肢体缺失，如果是从事风险程度较高的职业和工作，或者是喜欢一些冒险与极限运动，保险公司一定是拒保的。

再比如平日抽烟的频率，这与重大疾病保险保障中的肺癌等恶性肿瘤是正相关的。尤其是对承保癌症类的重症，对被保险人身上的结节问题是非常重视的，如果投保时免体检，而如实告知时出现故意隐瞒，则一旦因为结节问题而导致相关癌症发生，保险公司可能会拒赔。

重大疾病保险的不可抗辩条款

不可抗辩条款又称不可争条款，是指投保人故意或者因重大过失未履行如实告知义务，足以影响保险人决定是否同意承保或者加费承保时，自保险人知道有解除事由之日起，保险公司的合同解除权超过三十日不行使而消灭。自合同成立之日起超过二年的，保险公司不得解除合同；发生保险事故的，保险公司应当承担赔偿或者给付保险金的责任。

与最大诚信原则主要是约束投保人一方行为不同，不可抗辩条款主要是制约保险公司，保护保险消费者合法权益的。

购买重大疾病保险，一旦保险公司收了首期保险费，保险合同生效，即使在投保时投保人或被保险人出现了一些未报、漏报甚至错报，包括年龄写错了，抽烟频率不准确，生过什么疾病而未在投保书上载明等情况，过了解除时限，过了两年时间，在被保险人罹患重大疾病需要理赔时，保险公司则"不可抗辩"，不能因为当初的上述原因拒赔，需要依法承担赔付责任。

如何放心购买重大疾病保险

重大疾病是消费者面临的极端风险，买好重大疾病保险就等于规避了很大的经济风险。如何放心购买重大疾病保险，我给大家划的重点是终身重大疾病保险，因为我本人买的第一份保险就是终身重大疾病保险。后面章节我还会和大家细讲一年期的短期重大疾病保险，这类保险也很重要。

重大疾病保险与普通医疗保险是不一样的。重大疾病保险发生赔付时有个显著特点，它是定额给付，与在医院花了多少钱看病没有关系。普通医疗保险是凭医院费用清单与发票来报销。重大疾病保险只需要二甲以上医院开具重大疾病确诊的证明（有的保险公司要求是三甲医院开具）即可全额赔付。

消费者大可放心的是，尽管重大疾病的种类很多，但一般都会包含在银保监会规定的 25 种重大疾病里面，现在市场上还有一种轻症重大疾病保险，加一些保费，也是可以附加的。

购买终身重大疾病的好处是相对于定期重大疾病而言的。它的优点是保一辈子，重大疾病的发生，更多的是在 50 岁以后。而定期重大疾病保险只是承保一定的期间，它的明显不足在于，往往人们到了罹患重大疾病的可能性大增的年龄时，保险却已经到期了。

终身重大疾病保险的保额，建议至少在 30 万元或以上，50 万元相对充足。即使看病花不了那么多钱，也可以用来买营养品康复身体、改善生活。

一年重大疾病保险如何选

重大疾病保险包括终身重大疾病保险和定期重大疾病保险，顾名思义，终身重大疾病保险保障终身，定期重大疾病保险保障的是投保人与保险公司所约定的保障期限。一年期重大疾病保险就是只保一年，次年需要继续投保时需重新按保险公司规定进行核保。

在保险专家眼里，一年期重大疾病保险存在的意义并不是非常大。主要是一个人罹患重大疾病是需要历经较长时间的，如果在投保后的一年内就罹患重大疾病，那一般只有两种情形，一种是带病投保，一种是因为观察期获得保障的天数会非常有限。前者带病投保会有保险公司拒保的风险，后者观察期会让真正的保险保障期限远远少于一年 365 天。在正常的长期重大疾病保险条款中，就明确规定了观察期为 180 天，最短的也是 90 天观察期。

一年期重大疾病保险就算是只给 30 天的观察期，也只能保 300 多天。30 天内查出重大疾病，带病投保也就基本定性了。从医学的角度，正常的一年期重大疾病保险条款，观察期也应该定在 180 天。这样的话保障期仅保剩下的半年，要么"白保"了，要么带着很大的运气成分。

由于该险种为一年期，次年再保又是"新单"，其实对消费者购买长期重大疾病保险是有影响的。因此，购买一年期重大疾病保险，比较适合上班不久、工作繁忙的年轻人。这样的消费者经济收入相对较少，再加上工作压力大健康风险复杂，一年期重大疾病保险的保费很低，却能拥有较高额度的潜在保障，是可以选择购买的。但一定要记住，买了一年期重大疾病保险，只是在人生的一个很有限的时间内拥有了重大疾病保障，这是完全不够的，还需要在经济条件允许的情况下，尽早购买长期重大疾病保险。这是真正意义上的保风险、保重大疾病。

同理，对于其他一些有购买重大疾病保险意愿，但短期家庭或个人保费预算紧张的消费者，可以先购买一份一年期的重大疾病保险，等家庭经济宽裕后，再尽量配置长期重大疾病保险。

市面上一年期的重大疾病保险产品很多，尤其是互联网保险在近年发展较快，线上销售的一年期重大疾病保险层出不穷，除人寿保险公司外，包括一些互联网财险公司，也都有推出一年期重大疾病保险产品。消费者如果要买的话，可以选 50 万元保额的一年期重大疾病保险，然后再购置长期重大疾病保险产品。

市场上有一家互联网保险公司推出了一款一年期成人重大疾病保险产品，投保年龄为 18 岁到 60 周岁，可以续保到 80 周岁，等待期为 90 天，最高投保限额为 50 万元。从保费上看，买 50 万元保额，30 岁的人一年只需要 450 元。这款产品的性价比高，在市场上同类产品比较中极具竞争优势，是可以购买的。其最大弊端在于它是一年期产品，无法做到"可保证续保"。

第六章

医疗保险，轻松应对
高额医疗费

医疗保险，可以帮消费者轻松应对高额的医疗费，本章就相关问题展开。比如：医疗保险的保障范围知多少，有社会保险的人如何买医疗保险，医疗保险个人账户如何购买医疗保险，如何完善医疗保险的组合方案，买中端医疗保险要注意什么，高端医疗保险为什么赔付高……

我要像有钱人一样看病

在广州珠江新城有一家境外投资的医疗服务中心，当患者进入该医疗服务中心，坐在错落摆放的沙发上可闻到淡淡的桂花香味，还可听到专人在用鹅卵石砌成的小池塘旁弹奏古筝，仿佛置身休闲场所。这是一家超五星级的顶级会所式医疗中心，从踏进门口开始，会从味、视、听上给予患者不同于其他医疗机构的感官体验。在这里，分成多个诊疗区，每个流程都有专人一对一导医。在儿童就诊区，还配备有几台游戏机，供候诊的儿童消遣娱乐。

就诊中的高端享受显然是与支付费用正相关的。有钱人看病，往往拥有私人医生、24小时上门问诊，到医院就诊则享受公立医院 VIP 病房、私立医院贵宾优先等优质医疗和保健服务。

然而，并不是只有"有钱人"才能享受这些看病服务，如果我们了解保险、会用保险的话，每个个人或家庭，在保险的加持下，都能拥有更加从容、体面、有品质的医疗服务，都能像有钱人一样看病。

按照科学的"家庭标准普尔图"所设定的家庭资产配置逻辑（个人、中产和小康家庭均可参考），家庭资产中，应该有 15%—20% 是用于配置保障类保险的，这类保险的最大作用就是把钱的杠杆价值发挥到了极致，未来一旦有医疗需求，我们就能像有钱人一样看病了。为了更形象地展现，举几个例子：

一年 299 元的意外险，可以撬动 100 万元的保额，覆盖整个 18—60 岁年龄段的人群。

一个 30 岁的成年人，一年 800 元，可以撬动 150 万元的医疗保额，住院没有起付线，还可以享有保险公司垫付医疗费的服务。

保险确实是个好东西，能解决人生中的经济风险，就看消费者会不会用。买对它，会用它，可以帮消费者承担人生中的各种经济负担，少受疾病和医疗支出的困扰，可以让消费者轻装上阵。

商业医疗保险的保障范围知多少

商业医疗保险是相对于社会保险中的医疗保险而言的。医疗保险是社会强制保险，商业医疗保险是医疗保险的重要补充。

医疗保险个人账户的使用，各地的政策有所不同，有的城市既可以自行支取，也可以用来看病，有的城市则只能用于买药和看病。前些年，重庆、广州等地政策相对较为灵活，个人账户还可以购买非药物类营养品。

如果您所在的城市医疗保险个人账户的钱可以支取，则可利用这一笔钱购买商业医疗保险主险、附加险或购买补充医疗保险，作为医疗保险的补充，提升保障幅度和保障范围，消费者要用好医疗保险账户里的每一分钱。

商业医疗保险可以保障的种类有意外住院医疗、意外门诊医疗、疾病住院医疗、疾病门诊医疗和每日住院津贴等，有的商业医疗保险，每日住院津贴发放可多达 180 天以上，额度标准可选择低、中、高等档位。

保障的范围包括门诊、住院的各项医疗费用，凭医院出具的医疗发票报销。

补充医疗保险，则可以在医疗保险报销之后，对免赔额、报销比例之外的部分、超出报销额度之外的部分、医疗保险不能报销的部分等给予报销。

高端医疗保险，还可以报销如专家会诊费、出诊费、检查治疗加急费、点名手术附加费、优质优价费、自请特别护士等特需医疗服务所产生的费用。

购买医疗保险时，切记要弄懂以下几个方面。

1. 赔付范围，即哪些赔，哪些不赔。大多医疗保险只对社会保险范围内用药进行赔付，有一些是社会保险内社会保险外用药都赔付，不限社会保险用药，消费者投保前要了解清楚。还有，关于社会保险报销之外的自付一和自付二，是只赔自付一，还是自付一自付二全赔。

2. 免赔额，即自付线是多少。保险合同规定的是100元自付线还是1万元的自付线等。

3. 报销比例是多少。有的是社会保险内外都全部报销，比例为100%。有的是社会保险内可以报销100%，而社会保险外的是报销80%。

4. 其他：是否保证续保，要弄清楚保证续保的具体表述。

总而言之，社会医疗保险解决的是基本医疗支出，解决的是"温饱"问题，而商业医疗保险是社会保险医疗保险之外的重要补充，能解决医疗保险之外的各类医治、康复费用支出，保障范围大大扩大，解决的是"富贵"问题。

如何完善医疗保险的组合方案

有位消费者分别在两家保险公司买了两份医疗保险，到保险公司理赔时，第一家保险公司顺利理赔；到第二家申请理赔时，却被告知不能赔付。只有一份能报销，另一份竟然用不上，不能报销，这到底是怎么一回事儿呢？

原来这位消费者投保的两份都是报销型的医疗保险，只能凭医院开具的实际花费费用发票原件报销。这就意味着报销型的医疗保险是按实际支付报销，最多不能超过实际花费的金额。

然而这位消费者此次因疾病医治、康复治疗等一共所花的钱，要远远高于保险公司报销的额度，所以觉得很不划算。原因是消费者并没有做完善的医疗保险组合方案。购买医疗保险，选择完美的组合方案可使我们医疗费用报销不用发愁。

哪些因素影响医疗保险理赔

医疗保险的报销理赔比较复杂，需要专业支撑。比如：免赔额多少、是否需在指定医院就医、社会保险范围内外的用药是如何限制的，有没有社会保险医疗保险等。

医疗保险的报销型理赔，凭实际医疗支付票据理赔。理赔金额为医疗保险自动扣除后的部分，影响因素包括用药在社会保险范围内还是社会保险范围之外，单次住院免赔额等。

医疗保险的津贴型理赔，购买了住院津贴保险的话，影响理赔的因素有住院天数限制、每日津贴限额、免赔天数等。

因此，消费者在搭配购买医疗保险组合时，建议重点考虑医治费用和住院津贴两个因素。因为，消费者要么不进医院，进医院住院各项费用都是负担，既然买保险是防风险，就要避免出现因医疗保险购买得不够全面，而丧失了保险合同的"射幸"特征。医疗保险的组合形式可以有很多种，比如：

方案1：城镇基本医疗保险＋商业医疗津贴型保险。

方案2：城镇基本医疗保险＋商业医疗报销型保险。

方案3：商业医疗费用保险＋商业医疗津险贴型保险。

方案4：A商业医疗报销型保险（普通医疗保险）+B商业医疗报销型保险（百万医疗保险）。

完美的医疗保险组合是：医疗保险＋报销型医疗保险＋报销型门诊/住院补充医疗保险＋津贴型住院医疗保险，这样保障范围最全面。

获得保险公司高比例赔付的小窍门

尽量使用社会保险内用药。

社会保险内的费用报销比例通常比社会保险外的费用报销比例明显要高。普通医疗保险一般是不包含社会保险外用药的保障，如果没有中、高端医疗保障做补充，社会保险外的用药是需要自费的。因此，消费者要提高赔付额，在选择药品时，尽量选择社会保险可报销范围内的药。

免赔额从社会保险外扣除。

张阿姨于2020年6月1日投保了一份医疗保险，社会保险内报销比例是100%，社会保险外报销比例是80%，免赔额是1000元。2021年3月1日，张阿姨因车祸被送到当地的三甲医院治疗，共花费2万元，其中社会保险范围内8000元，自费12000元，后续使用社会保险报销6400元。这个案例，交免赔额从社会保险外扣除的话可以多报销200元。

如果社会保险内报销：

（8000元 −6400元 −1000元免赔额）×100%+12000元 ×80%=10200元

如果社会保险外报销：

（8000元 −6400元）×100%+（12000元 −1000元免赔额）×80%=10400元

补充住院津贴。

住院津贴通常是以附加险形式存在，可以很好地减少被保险人住院期间的住院费用和因此而产生的误工收入损失。具体投保时，可选择每日住院津贴 50 元、100 元、150 元、200 元等多种。

☂ 买中端医疗保险要注意什么

商业医疗报销保险一般分为普通、中端和高端三个层面的医疗保险。普通医疗保险一般是先买重大疾病保险、人寿保险等主险，然后以附加险的形式购买。不同层面的医疗保险中，高端医疗保险价格是最高的，保费动辄万余元甚至数万元。中端医疗保险则是当前医疗保险中消费者购买最多的一种，价格一般消费者都能承受，而且保障范围也相对全面。

中端医疗保险与其他医疗保险

医疗保险的基础医疗保险限制主要是关于医疗保险目录用药和就医地域，这是国家基础医疗保险的特点。中端医疗保险一般不限制社会保险用药，不会因为就医地域变化而导致报销比例不同，只要符合保险合同约定，以治疗疾病为目的，发生的是合理且必需的医疗费用，不是责任免除的，都在保障范围内。

中端医疗一般是以住院医疗为主，对住院和特定门诊给予理赔，同时，基本医疗保险包含门诊，无论从医院限制、社会保险药品限制，还是报销额度及比例限制等多方面，中端医疗保险都有优势。

由于高端医疗交费较高，冲抵了对于就医的诸多条件限制，可以享受到充分人性化的医疗体验。高端医疗尽管在保障内容、服务细致等方面拥有较强的吸引力，但这更多的是针对"有钱任性"的少数消费者。由于中端医疗价格的优势。基础医疗范围与服务也基本兼顾，当前我国的中端医疗保险市场，已经成为广大保险消费者的首选。

中端医疗保险要把握的几个投保要素

一是保险责任。消费者要看清保险责任是否全面，个人所期许的重要保险范围是否包含在里面。二是免赔额的设定，是否满足个人的消费心理。三是要选择可"保证续保"，避免更加需要保险的年龄却不能获得保障。四是保险金额尽可能定在 100 万元以上。

中端医疗保险的产品特点

中端医疗保险的产品形态很丰富、保障所涵盖的内容往往也很广泛。各个产品虽然总体上看保障相似，但是具体条款上有很大差异。消费者要了解一款中端医疗保险、建议重点关注投保条件、保障责任、免赔额、续保条以及报销规则等方面。

1. 保障责任

医疗保险保障的内容，一般主要是在住院治疗方面的开支费用。其理赔报销是在医疗保险报销之后，扣除免赔额后计算的。各家保险公司在市场上推出的医疗保险各具优势和特点，消费者购买时重点要关注几个方面：

（1）门诊手术一般都在保障责任范围内，但有的产品例外，不含门诊手术责任。

（2）大多数医疗保险产品虽然包含急诊医疗费用，但消费者要多留意这些费用发生的时间，不少保险公司仅对住院前后 7 日内发生的费用给予报销。

（3）医疗保险所保障的特定疾病很人性化，没有免赔额可以全赔，但多数特定疾病只包括恶性肿瘤或指定癌症，不包括上述之外的其他重大疾病，消费者选择时要擦亮眼睛。

（4）医疗保险对特殊门诊能报销的内容也是有专门列明的，明细内的能够报销、不在明细内的不予报销。

2. 免赔额

免赔额是消费者在投保时，在投保书上事先约定的免赔额度，医疗费用在免费额度之内需消费者自费，额度之外由保险公司理赔报销。

中端医疗保险通常有 1 万元免赔额系列和 0 免赔额系列两种情况。1万元免赔额是指在保险的保障范围内，当消费者的医疗费用不到 1 万元时，保险公司不作理赔报销，当消费者的医疗费用超过 1 万元时，保险公司对超 1 万元的部分给予比例报销。0 免赔额这类中端医疗保险则不受限制。当然，选择 0 免赔额所缴的保险费要高出不少。

3. 续保条件

市场上的中端医疗保险的续保条件包括保证续保和不保证续保两种。

市场上中端医疗保险宣传时，给到的可保证续保年龄都非常诱人，比如承诺可续保到 80 岁、到 99 岁等，一家叫"悟空保"的保险科技公司，联合保险公司在市场上推出一款"悟空保百万医疗"，明示可以续保到 100 岁，价格也非常低。但这款产品是不能保证续保的，每一年要继续投保的话就需做核保。

从这个角度上讲，消费者不能光看能够保障的年龄范围，更要关注是否"可保证续保"，避免投保几年之后因为体检不合格被拒保。

中端医疗作为对国家医疗保险的补充，或者单独使用，都能最大限度地覆盖基础医疗所不能覆盖的区域，中端医疗保险较低的保费和合理的保障范围，非常适合多数人群，其搭配适合的重大疾病保险，确实是绝大多数家庭的好选择。

高端医疗保险为什么赔付高

高端医疗保险的保额高，免赔额和自付比例可以自由选择，无社会保险限制，不限制地域，不限制医院，在合作医院内看病可以直付，在合作以外医院看病也能事后报销。同时，高端医疗保险对应的也多是高端医院。高端医疗在国际上的起源是国际私人医疗保险。

高端医疗保险有五大亮点

赔付便捷、保额高：就医直付，保障额度高：百万元、千万元到无上限的保障，用直付卡免现金支付，不用担心费用，安心治疗。

医院好：医院没有限制，可以去最好的医院，如国内各大医院的国际医疗部或特需门诊，还可以去高端私立医院。若购买了足够高端的高端医疗保险，全世界的医院，公立、私立或外资医院，都可自由选择。很多提供第二诊疗意见，都可以提供私密性强、体验佳的医疗服务。

服务人性化：24小时医疗咨询热线，私人医生式高端服务满足客户的尊贵之需；协助办理就诊预约，节省就诊排队时间，合作医疗网络医院就诊，无须自己付款，所有费用由保险公司与医疗机构进行结算。

赔付高、保障范围广：高端医疗保险，一般都支持直付，也就是不需要消费者自己申请理赔，看完病就可自行回家，保险公司会直接和医院结算。

高端医疗保险突破医疗保险限制，进口药、器械、器官移植都能报销。保障日常住院、门诊所有费用，还可保障体检、疫苗、生育、眼科、牙科等，也可以使用进口药和治疗所需的合理药物。

涵盖区域广泛：高端医疗保险最高可保障全球范围内的医疗就诊费用。可根据自身需求在全球范围内选择相应的保障区域。

高端医疗保险的消费体验

购买了高端医疗保险之后，有什么样的售后体验呢？很多人是冲着私立医院去的。高端私立医院虽然花费高，但环境好，服务和体验也更好。

比如某医疗机构是北京比较高端的私立妇儿医疗服务机构。全程有专业医务志愿者全程帮助、配合，享受尊贵就医体验。

国家放开三胎政策后，有些家庭条件好的人会选择多生，在这样的高端医疗机构，生孩子的费用，若是顺产，需要花费5万多元，比公立医院要贵很多。但由于服务高端且人性化，产妇会觉得花这个费用值得。分娩的时候是独立的产房，家人也准许进来做心理安抚，还配有专门的家属陪护床位，方便日夜照顾产妇起居，可较为顺利地实现无痛分娩和产后恢复。还有医院的一些硬软性服务配套环境，比如，医生护士在产妇产后随叫随到，专业按压产妇腹部排除产后子宫内淤血，帮助产妇减轻不适。还包括产妇乳房按摩和催乳服务，这些就充分彰显高端医疗保险的超值与实用了。

除了上述尊贵享受之外，还可以通过高端医疗保险得到其他一些我们通常难以企及的超值体验。

比如新生儿溶血是婴儿出生时的一个发生概率不小的生育风险，一位要生三宝的产妇购买了高端医疗保险，为规避新生儿溶血，要求医院注射D免疫球蛋白。由于医院暂时无法供应该产品，院方直接启动顶级应急机制，直接安排这位产妇去海外高档医院注射D免疫球蛋白，海外就医过程所有的交通、餐食和住宿全部免费，而且全程高标准，住的是四星级医院合作酒店、坐的是公务舱、吃的是产妇专门餐……

无独有偶，还有一位买了高端医疗保险的宝爸，尊贵体验更是令人咋舌：清明节小长假带妻儿回乡下老家探亲，孩子突发高烧，可能会引起重症肺炎。这位宝爸动用了高端医疗保险所包含的紧急救援责任，由保险公司联合高端医疗机构直接用直升机将全家人接回了北京专科医院救治，由于孩子生命力顽强，又得到了很及时的治疗，很快就康复了。这次安排的救援费用近20万元，全部由保险公司承担。

这些就是消费者购买高端医疗保险所能享受到的极致服务体验了。

由于高端医疗保险产品的设计复杂、内涵丰富，全流程中需要专人跟进服务，因而一般在互联网只有展示没有销售，只能到保险公司或高端医疗机构线下购买。

当前市场上的高端医疗保险，也慢慢从只针对精英阶层向中产家庭延伸，购买价格上也有所回调，更多的消费者能享受到高端医疗带来的至尊体验了。

虽然高端医疗保险的价钱比普通医疗保险高出不少，但绝非是亿万富豪们的专属。相反，不少高端医疗保险也很适合中产家庭。

一些保险公司售卖的高端医疗保险，人均 1 万多元就能够买到，而且家庭成员一起购买时还会有优惠。保费的高低也取决于选择保额、保障范围、福利等，比如一款售价 2 万元的高端医疗保险，其中包含 1 万元的疫苗体检额度，相当于保费实际只需要 1 万多元，这个性价比还是不错的。

如何购买补充医疗保险

市面上的补充医疗保险主要是以企业职工福利计划的形式存在。补充医疗保险在保险公司一般作为团体医疗保险范畴，由职工所在单位安排统一投保，属于职工福利计划的重要组成部分。企业职工福利计划主要由企业年金、补充医疗保险等构成，作为企业提升职工凝聚力和归属感的重要福利。

补充医疗保险是商业医疗保险的一种，也是属于凭医院开具的治疗收据实际报销的险种。

补充医疗保险的购买方式

补充医疗保险的购买，一般由单位的人事行政部门统一组织实施，由职工所在单位统一投保，职工子女也可以一并投保，在发生医疗报销的时候，子女按 50% 的标准参与报销。

补充医疗保险一般是每年投保一次，次年再重新投保。承保保险公司会根据投保险单位上一年度的整体赔付率来决定是否正常续保，理赔率过高的，承保公司会在次年要求投保单位提升总体保费后再作承保。

补充医疗保险的保障范围与理赔手续办理

补充医疗保险一般可以保障意外门诊医疗、疾病门诊医疗、意外住院医疗和疾病住院医疗等，也保重大疾病保险，保障范围较为全面，根据各家单位的需求及预算不同，保障范围也不尽相同。

有的单位由于人事行政部门工作人员对保险方面不太专业，补充医疗保险中重大疾病保险配额严重不足的情况广泛存在，有的仅保 10 万元，这显然不够。读到本书的朋友可以向您单位建议，重大疾病保险配额要至少在 30 万元或以上，在单位上年度理赔率并不高的情况下，保险公司是会同意承保且不明显提升保费的。这也是造福全体公司同事的好事儿。

　　在理赔方面，承保保险公司的团险客服／理赔部门每月会派专业人员到单位现场收集职工当月就诊报销材料，包括病历、含支出明细的医疗收据原件以及报销申请表等。保险公司收到资料后，一般在次月 5 日前确认，次月 15 日之前将理赔款打到职工账户。随着互联网科技的发展，补充医疗保险的理赔越来越便捷、私密，可以由职工在保险公司提供的报销软件上直接提交资料，进行线上报销。互联网科技力量强大的保险公司，职工可每月登录一次甚至多次进行自助报销。

　　补充医疗保险的理赔范围也是投保单位与承保保险公司事先商定的结果，属于协议承保。补充医疗保险是报销医疗保险报销之后的自费费用，一般来讲，补充医疗保险只报销自费一的费用，自费二是不给予报销的。

税优健康保险的优势和实操要领

税优健康保险是原中国保监会作为国务院直属单位，为了发挥社会主义国家制度的优越性，保障更广阔的民生，为包括次标准体在内的投保人提供的一款政策性健康保险产品，也就是我们俗称的"带病也可以投保"。

尽管这类产品的最大卖点是省个税、投保不体检或体检条件放宽，但由于该险种很容易出现销售亏损，各家保险公司对此类产品的生产和销售上相对谨慎，只是监管部门指定的一些保险机构在努力推广，比如中国人保健康保险公司就成立了专门的税优健康保险部来销售该类产品，上海保交所也将此产品作为该交易所的一个突出卖点。

税优健康保险，"优"在哪里

税优健康保险的表现形式是一年期医疗保险 + 万能账户。每年固定缴纳 2400 元，扣除当年的风险保费后，剩下的钱进入万能账户进行储蓄，万能账户计息储蓄。这个账户中的钱累积到退休年龄后，可以当作医疗保险个人账户使用，也可以用于购买商业保险，但是不可以取现。作为一款强政策性健康保险，税优的"优"体现在以下几个方面：

税优健康保险在产生赔付时，社会保险内和社会保险规定范围之外的医治费用保险公司都是给予理赔的。报销范围较广，且不受社会保险用药限制。

可保证续保。保险公司不得以被保险人有既往病史而拒绝承保。这是原中国保监会印发《个人税收优惠型健康保险业务管理暂行办法》中专门强制规定的，要求承保公司必须"保证续保"。也就是说，次年必须"无条件"续保，并且保持费率不变。当然，税优健康保险只是默认带病体 / 次标准体可以投保，但标准体和次标准体 / 带病体能享受到政策并不是一样的，带病投保保险公司承保时是要降低保额的。

自付比例有要求。消费者购买后一旦出险，产生的医疗费用的自付比例不得高于 10%。

能享受提升个税起征点的福利，自投保之日起每个月可以享受到从税前收入中扣除 200 元的政策，同时最高不能超过 200 元。

市场上所推出税优保险有"带病投保""税优优惠""突破目录"和"保证续保"等四大独特优点。不过，在实际承保操作中，保险公司是有多种防控机制的。

保证续保与终身续保是两个概念

绝大多数税优产品只"保证续保"到法定退休年龄，根据目前的延迟退休政策，有的保险公司最多可续保到 65 岁、极个别的公司可续保到 70 多岁。而事实上，老年人的医疗费用支出相当大——根据社会保险部门的统计，65% 以上的医疗保险费用支出，是用在 25% 的退休参保人员身上的。而随着我国老龄化的加剧和人均期望寿命的延长，这一情况将更加明显。只是保证续保到退休年龄，此后的日子其实是更需要这类保险保障的，却不一定能续保了。不能保终身，这是消费者需注意的。

突破目录——灵活的正面清单和负面清单

该险种"突破社会保险目录"，在"一定程度上"体现了其优越性。税优确实突破了社会保险目录，但在产品形态上，其对社会保险外目录加了正面或负面清单。正面清单是指对清单上有的项目给予赔付；负面清单即对清单上没有的项目就给予赔付。不同的公司采用的方式不同。

带病投保——要合理投保

于保险保健康来讲，能够"带病投保"当然是件大好事，但实务操作中，真正能购买到税优产品，还是面临很多制约因素的。

比如，大多数税优产品在条款中约定，"既往症患者"应该有一年以上的纳税证明才能投保，但对于已经身患重病的人来说，无法正常上班没收入，纳税往往不现实，仅仅这一条件在逻辑上就比较难以"达标"了。

还有，保险公司会以便于消费者享受税收优惠的名义采用团体投保的形式，这就从事实上避开了个人投保的资格，尽管各家保险公司在这一点的限制上并不绝对。如此，至少意味着个人投保是受限制的，带病投保的界限就会相对变小。

税收优惠幅度小——吸引力有待加强

根据政策，税优保险每年可以得到 2400 元的税前扣除额度，购买后公司人力资源计算工资时会将个税起征点每月提高 200 元，享受税优。这是一个亮点，但由于幅度较小，吸引力有待加强。

消费者退休时，保单就不可再续保了。这时税优健康保险中万能账户里的钱就派上用场了。万能账户价值既能够作为医疗保险个人账户来使用，又可以用它来购买其他商业保险。不过，万能账户里的钱是不可以取现出来的。这是个缺点，但我们也可将此缺点视为特点，转化为优点，比如因被留在账户内可以供急时所需，而不是取现出来后不经意间就花掉了。

医疗保险卡能借给他人使用吗

医疗保险作为国家公民享受的一种社会保障医疗保险福利，医疗保险卡属于个人卡证，只能本人使用，不能转借给他人使用。

把个人医保卡借给他人，破坏了医疗保险制度的公平。把医疗保险卡借给家人或朋友看病或是买药，甚至用于住院报销等，这些行为其实已经触犯了法律法规，一旦被发现查处，麻烦就大了，得不偿失。这是属于骗取社会医疗保险金的行为，性质就是骗保。情节严重的，还会面临刑事处罚。

另外，一旦医疗保险卡有他人使用记录，就会为日后买商业保险时留下隐患，不但影响投保，还可能因为病史被拒赔。

医疗保险卡只能是本人才能使用。不过，也有特例。比如我国有些省份，医疗保险卡里的钱是可以供家里人使用的，做到家庭成员之间的共济互助。不过，家人使用家庭成员的医疗保险卡时，只能用于支付医疗保障费用，不能用于其他用途。

浙江全省，以及广东省广州市，医疗保险个人账户历年结余资金就是可以用职工基本医疗保险参保人员配偶、子女、父母等近亲属使用的。

广西壮族自治区人力资源和社会保障厅也实施惠民政策，专门下发《关于扩大职工基本医疗保险个人账户使用范围的通知》，规定从 2018 年 7 月 1 日起，广西扩大职工医疗保险个人账户使用范围，减轻参保人员及其家庭成员医疗费用负担，尤其是参保职工医疗保险个人账户资金，可支付其配偶、子女、父母、配偶父母的医疗保障费用，增加家人之间的互助共济，提高医疗保险使用效率。

这就是，一张医疗保险卡可全家"共享"。

第七章

少儿保险，
买多少才合适

孩子是爸妈的掌中宝，从出生开始，爸妈就时刻关注着他们成长中的点点滴滴。有保障意识的爸妈会关注少儿保险。本章重点讲述少儿保险的有关知识。比如：少儿保险的基本种类有哪些，到底给孩子买多少保险才合理，买少儿保险越早越好吗，少儿保险是保障重要还是收益优先，孩子需要购买终身型重大疾病保险吗，如何给孩子购买小额医疗保险，为孩子选择意外险的注意事项……

☂ 少儿保险的基本种类有哪些

　　少儿保险，是指专门为孩子设计的，用于解决其成长过程中所需要的教育、婚嫁、创业费用，以及应付孩子可能面临的疾病、伤残、死亡等风险的保险类型。

　　少儿保险与成人保险最大的区别在于，成人保险保障的是被保险人未来创造收入的能力，而少年儿童尚不具备创造收入的能力。

　　市面上的少儿保险基本上可以分为三类：少儿意外伤害险、少儿健康医疗保险及少儿教育储蓄保险，这也是根据孩子面临的三大风险来界定的。这些险种的共同特征是在孩子成长阶段，就开始给他们提供健康及教育储蓄保障。

少儿意外伤害保险

　　少儿意外伤害保险俗称"熊孩子保险"。孩子天性好动，喜欢用跑跳替代走路，对新鲜事物好奇以及缺乏规避危险的意识，这些特点决定了孩子的意外伤害事故较其他人群高出许多。该类保险可以积极防范孩子成长过程中由于外部突发的意外事故而产生的风险，并为该风险的发生提供经济保障。

少儿健康医疗保险

　　孩子在成长过程中，生病总是难免的。少儿健康医疗保险是为防范孩子成长过程中因疾病而产生的医疗费用造成的经济风险，防止孩子在罹患疾病后因为经济上的原因而无法得到优质、快速的医治。

少儿教育储蓄险

　　孩子成长过程中的教育及教育费用开支是父母面临的巨大压力之一。随着国家"三胎"政策的出台，这个压力变得越来越大，通过配置少儿教育储蓄金保险，可以帮助父母为孩子将来的教育费用做长期的准备计划。少儿教育险带有强制储蓄的概念，以确保孩子将来获得高质量教育所需的资金。

哪些保险有必要给孩子买

买保险，主要是给家里的经济支柱购买，孩子的重要性要放在次要的位置。家里的经济支柱和大人拥有了商业保险保障后，可以考虑给孩子购买保险，给孩子买保险的种类和额度要适中，不宜过多，避免占用家庭过多的开支。

有条件的家庭首先可以给孩子办理少儿医疗保险。少儿医疗保险是国家的政策福利保险，可以为孩子提供最基础的医疗保障，无论身体健康与否，符合当地政策都可以购买，可以满足基本的保障。

孩子出生 28 天以后就可以考虑给孩子购买商业保险了。一是孩子满月后各家保险公司推出的少儿保险产品基本上都可以承保了。二是这时候孩子的免疫系统还不成熟、抵抗力较差，无自理能力，是疾病、意外等风险的高发阶段。家长应该尽可能早地给孩子配置诸如医疗保险、少儿重大疾病保险等保险。但给孩子配置人寿保险的必要性不大，一是因为购买人寿保险费用高，二是孩子成长过程中主要的任务是读书，没有承担家庭经济责任。

消费者购买少儿保险时可以给孩子以组合保险的形式设计。以 6 岁女孩举例，可以选择市面上的百万医疗保险＋意外保险＋少儿重大疾病保险，每年保费大概 2000 元左右；如果预算充足，可以考虑百万医疗保险＋小额住院医疗保险＋门诊保险＋意外保险＋保终身多次赔付带身故责任的重大疾病保险，每年费用大概 5000 元左右。

给孩子配置医疗保险，优先给孩子配置百万医疗保险这类保费较低、保额较高的险种，以备解决医疗保险在报销上限之后的费用开支问题。如果发生重大疾病，百万医疗保险可以报销住院前后门诊急诊等费用，而且价格便宜，可以很好地转移重大疾病的风险。

当然，如果预算充足，还可以配置小额住院医疗保险。小额住院医疗保险，保障内容包含意外和疾病导致的住院医疗费用，一般来说 0 免赔或者几百元免赔，报销额度 1 万—2 万元居多。

此外，还可以给孩子配置重大疾病保险，保额可定为 30 万—50 万元。给孩子配置重大疾病保险后，一旦出险，它给整个家庭减轻经济支出的压力是非常明显的。因为重大疾病保险是赔付型，孩子一旦罹患重大疾病，经三甲医院确诊，不管是否就医，都能从保险公司拿到全部重大疾病保险金。这是报销型医疗保险所无法比拟的，后者是凭医疗原始收据报销，使用了才报销。

以儿童常见的重大疾病白血病为例，其治疗费用一般需要 30 万—100 万元。如果给孩子既配置了医疗保险又购买了重大疾病保险，那么，孩子实际住院费用及医治费用可以通过医疗保险报销。家长因照顾孩子所损失的工资收入以及为孩子补充营养的大量费用开支可以通过定额的比如 50 万元或 100 万元重大疾病保险金加以弥补。

孩子生性好动，熊孩子惹事是大概率事件，所以给孩子配置少儿意外险也是很有必要的，不过，通过购买意外险卡单或者学生平安险，就可以很好地解决此问题。幼儿园和小学、中学都会团购"学生平安险"，费用 100—200 元不等，家长们可以积极参与购买。

买少儿保险越早越好吗

在朋友圈，经常会见到轻松筹、相互保等保险互助平台发布的一些救助信息。其中很多都是刚出生不久的孩子，身患白血病及其他重大疾病需要治疗之类，往往这种情况就导致了很多家庭因病返贫。所以现在很多年轻家长都会有意识地给孩子买保险来规避风险。

给孩子买保险，并不是越多越好，最主要的就是两点，医疗保险和重大疾病保险。医疗保险简单，通过配置"学生平安险"就能够相对全面地加以防范了。但重大疾病保险不能含糊，少儿重大疾病保险一定要买。

为什么少儿重大疾病保险一定要买？孩子出生后受身边的环境影响很大，环境污染问题、食品安全问题、疾病意外问题等，都是他们时刻面临的风险。而且因各种原因导致的少儿重大疾病发病率呈上升趋势。据统计数据显示，恶性肿瘤已成为14岁以下孩子死亡的主要原因。其中孩子最容易患的恶性肿瘤是白血病，我国每年新增的癌症患儿中有将近一半是白血病。白血病已成为孩子健康的头号杀手，其次是脑瘤、恶性淋巴瘤、骨肿瘤和肾肿瘤。

随着现代医学的不断进步，医疗科技手段的不断创新，不少儿童肿瘤是完全能够医治的，比如最普遍的恶性淋巴瘤治愈率是85%，肾母细胞瘤治愈率达90%以上。如果没有经济上负担的话，孩子会更幸运。因此，家长一定要提前给孩子配置少儿重大疾病保险。

少儿重大疾病保险是父母给孩子购买保险保障的首选产品。少儿重大疾病保险的种类有很多，消费型、返还型、分红型、保定期、保终身、单次赔付、多次赔付等，不同家庭的保险需求是多种多样的，具体如何选择呢？

年纪越小，保费越便宜。少儿重大疾病保险的费率，整体来讲是孩子的年龄越小越小便宜，最好是在孩子出生后就考虑配置重大疾病保险，不仅费率要低一些，保障期间也更长一些。建议家长找专业保险代理人帮助推荐、设计，尽早购买。

一般少儿重大疾病保险的投保条件是出生 28 天即可投保。孩子需要一出生就考虑购买重大疾病保险，有一个重要的原因是投保资格。由于孩子在成长的过程中抵抗力差会常就医甚至住院，若有多次医治甚至住院记录，投保重大疾病保险时，在投保单上做健康如实告知时就会受到一些影响。少儿重大疾病发病时期一般是在孩子很小的时候，所以越早购买越安心。健康状况越好，承保通过概率越高，也不会有加费、延期或拒保的风险。

给孩子买保险，要遵循三大标准。

给孩子购买包括重大疾病保险在内的保险产品，可以循序渐进，逐步实现完整保障。需要把握好挑选保险产品的三大标准：保费要便宜；病种要针对孩子高发；保额要高要充足。

建议家长在购买儿童重大疾病保险时，买不到 50 万元的话，也得尽量买够 30 万元。后续有经济基础了可以再给孩子继续加保。以白血病为例，即使在早期，一般也要 30 万元左右的治疗费；如果发现晚，发展到严重程度，需要骨髓移植和长时间的康复治疗，费用就需要 50 万元左右了。

在选购少儿重大疾病保险的时候，家长也要注意一下，关注重大疾病保险的保障疾病范围种类，有保障种类多的，也有保障种类少的，首先要考虑购买保障种类尽可能多的，然后再考虑性价比。

给孩子买教育婚嫁保险，一是为了有个保障，二是通过买保险形成为孩子强制储蓄的好习惯，留待孩子教育婚嫁时再派上用场。

孩子最好的"保险"是父母身体健康，工作稳定。所以，家庭保险配置要以家里的大人优先配足为妥。

少儿保险是保障重要还是收益优先

消费者购买少儿保险，是保障重要还是收益优先？答案是肯定的，保障是最必要、最重要的，配置少儿保险需"先保障，后理财"。

父母都希望给孩子一个安全的成长环境、一个全面的保险保障。此时，少儿保险就成了年轻父母的首选。

父母给孩子购买少儿保险遵循的一般原则是"先保障，后理财"。要优先考虑医疗、重大疾病以及意外等保障类保险，医疗保险＋重大疾病保险是孩子的首选，然后再考虑孩子的教育金和生存金等理财类、返还型险种。

把握好轻重缓急，先投风险保障类保险，暂时将教育金等理财类保险放在日后添置，是因为可以大大减少年轻夫妇的家庭总体保费开支，更是因为孩子童年、少年成长时期调皮多动，自我保护能力弱，同时身体机能处于成长期，很容易发生意外、疾病等各类风险。所以既要为孩子配置保险费很低保障很高的意外伤害保险，也要为孩子购买医疗保险、重大疾病保险等健康类保障。这些是孩子必备的基础保障。

据专业保险经营机构的理赔数据显示，在少儿重大疾病保险理赔中，恶性肿瘤占 74%。而赔付案例最多的恶性肿瘤为白血病，在恶性肿瘤理赔中占 31%。赔付额平均为 20 万元，多数理赔金额不足以承担治疗费用，正常的治疗费用会多达 40 万—50 万元，还有 20 万—30 万元的缺口。因此，事实上很多家庭对孩子的重大疾病保险配额还有很大的提升空间。

国际儿科肿瘤学会通过经验数据得出结论，现在的医学科技已经很发达，70% 的儿童癌症都是可以治愈的，所以拥有足额的重大疾病保险将能帮助患病孩子挽回生命、重获健康。另外，各家保险公司很多理赔案例都是刚给孩子投保时间并不长的消费者，风险不等人，父母需提前给孩子做准备。

保障型少儿保险主要为孩子提供意外保障和解决医疗费用问题，此类险种的优势是重在保障。由于保险公司没有健康返还的压力，所以即使保额较高，设定的保费也并不会很高。比如某保险公司推出的"守护专家住院费用"个人医疗保险，年缴保费只需 88 元，就可以拥有 1 万元的意外伤害保障和 2 万元的大病医疗保险金，这类保险保费低重保障，值得父母为孩子配置。

重大疾病保险方面，市场上有一款"少儿特定疾病保险"就是保险公司为孩子成长过程中配置的保障计划，保险责任包括白血病。一次性支付保险费 500 余元，保额就高达 20 万元，还可以提前给付。

少儿保险"先保障，后理财"，首先给孩子配置了意外、重大疾病、医疗等保障类保险之后，待到家庭经济条件宽裕，是可以给孩子追加其他保险的，比如教育类保险"储蓄"教育金、子女教育婚嫁保险等，以便构成完整的保障体系。

如何给孩子购买少儿小额医疗保险

孩子在小时候经常会生些小病，只要进了儿童医院，就会发现满医院连走廊都是扎堆的孩子。只要进医院，不管什么病，医生通常都会按医院的要求开具化验单，要求抽血，做各项检查，一个小小的感冒每次都会花掉千元上下的医疗费。除了少儿医疗保险、少儿重大疾病保险、百万医疗保险和意外保险等能解决较大的医疗开支问题外，解决孩子感冒发烧等小病的医疗费用的少儿小额医疗保险就显得很重要了。

少儿小额医疗保险是少儿医疗保险的重要补充

少儿小额医疗保险作为少儿医疗保险的重要补充，既可解决孩子小额门诊的问题，又可解决孩子小额住院医疗的问题，其中小额住院医疗保险的保险金额往往可多达 5 万元上下，孩子一般的疾病都是可以通过该保险来解决。

与百万医疗保险相比，少儿小额医疗保险除了优点，也存在两个不足。

（1）小额理赔后，影响其他产品的投保。各大医疗都是联网的，只要有就医记录，再去购买其他保险时，会增加其他保险产品通过智能核保的麻烦，即使保险公司同意承保，也会记录下相应的免除责任。

（2）既不能保证续保，也容易停售。少儿小额医疗保险的理赔门槛很低，很容易产生赔付额超过所缴保险费的情形。而一旦上一年度有过理赔，次年续保时肯定就通不过了。另外，少儿小额医疗保险停售的情况也很常见，并不持久。

哪些人适合买少儿小额医疗保险

即使少儿小额医疗保险有不足之处，但是存在就是合理的，还是有一些人是适合购买的。

社会保险不在当地的孩子。很多父母为了生计，长期离开家乡到外地打工。孩子也随着父母在外地上学，平时发生一些小病小灾，到医院看病是一项不小的财务开支，这种情形下给孩子配置少儿小额医疗保险既实用也必要。

平时常生病的孩子。抵抗力弱、容易生病的小孩，建议购买少儿小额医疗保险。孩子在幼儿园阶段和小学阶段每年春夏之交都是感冒发烧的高发时期，少儿小额医疗保险能帮助家长省去每次动辄几百元、上千元的门诊费用。一旦生病住院，费用更高，买了这类保险，就都能节省了。

有全面保障需求的孩子。预防因疾病而产生的开支，少儿百万医疗保险、少儿重大疾病保险和少儿小额医疗保险三者能构成很好的抵御屏障。

选择少儿小额医疗保险，几个大的原则要记牢：

（1）选择报销额度高、报销比例高的买。

（2）选择不受社会保险限制，最好无免赔额的买。

（3）选择健康告知相对宽松的买，避免承保和未来理赔时的麻烦。

（4）选择次年购买手续简易的买，避免买完后看了一次小病第二年却不能购买了。

（5）选择观察期最短的买，获得更多的保障时间。

市面上有不少少儿小额医疗保险，各具优势。

追求至极性价比。比如市场上有些产品，6岁以上的孩子保费很亲民，而且不限社会保险，社会保险内外的医疗费都可以按比例报销；0免赔额，续保条件也较宽松，之前理赔过也不会限制续保。

兼顾住院和门诊。比如华泰人寿推出一款门诊少儿暖宝保。疾病住院费用社会保险报销后剩余部分100%报销，还有疾病门诊5000元报销额，保障也很全面。

健康告知非常人性化。健康告知仅询问近3个月是否有住院记录等情况。

0免赔额。华泰门诊少儿暖宝保、安联住院宝，这两款产品住院0免赔额。

还有太平洋人寿保险万元护、暖宝保、0免赔·住院医疗保险、万元保·住院及门诊险等，都是很好的少儿小额医疗保险险种，值得消费者因需选择。

给孩子选择意外保险的注意事项

很多父母都有一个甜蜜的负担：孩子太调皮捣蛋了！左跑右跳，逗猫惹狗，一刻也停不住！面对天生活泼好动的小朋友，一款便宜又实用的意外险自然是十分有必要的。

一般来说，意外保险主要包含意外身故、意外伤残、意外医疗三个方面。

意外身故是指如果孩子因意外导致身故，保险公司直接一次性赔付保险金。

意外伤残是意外险区别于其他险种的保障。如果孩子意外伤残，保险公司会按残疾等级比例给付保险金。例如，给孩子买了意外险，保额 30 万元，如果孩子被鉴定为全残，就会获得保额 30 万元（即 100%）的伤残赔付。

意外医疗是最值得关注的保障，因为这类情形的发生概率是最高的。因为大多数意外都不会造成身故或残疾，更多的是一些磕磕碰碰、摔伤、扭伤等，如果需要门诊或住院治疗，就可以用意外医疗保险来报销医疗费用。

如何挑选儿童意外保险

挑选包含儿童常见意外的。意外医疗、意外伤残和意外身故，这三种保障都必须齐全，具体保险责任范围要尽量涵盖儿童常见意外。儿童常见意外包括烫伤、烧伤、溺水、中毒、误食异物、高处坠落、交通意外等，给孩子选购意外保险的时候，尽量有针对性地购买，挑选全面涵盖常见意外责任的保险。儿童意外险通常保费低、保额高，保障的范围也很丰富，选择对了，一年通常几十元、百来元就够了。

身故保额有限制，多买会"白买了"浪费钱。为了保护未成年人，防范道德风险和投保逆选择，少儿的身故保险金额度是有严重控制的。银保监会规定，儿童的意外身故保障：10岁以下不能超过20万元（更早期的规定是不得超过5万元，后来逐渐变为10万元直到现在的20万元），10—18岁不能超过50万元，且投保人必须为父母。所以如果担心孩子发生意外身故，而买高身故保额因有限制会"白买了"，但伤残保额没有限制。例如：

> 小明，2021年6岁。小明爸爸在两家保险公司给他购买了两份10万元的意外保险，假设小明不幸发生交通意外，可能会有以下几种情形：
>
> 情形一：小明身故，两家保险公司共赔付20万元身故金，保险责任终止。
>
> 情形二：小明受伤致全残，则两家保险公司共赔付20万元全残金，保险责任终止。
>
> 情形三：小明受伤致残，经医院鉴定为2级残疾，两家保险公司合计赔付10万元×90%+10万元×90%=18万元。

注重意外医疗保障，从免赔额、赔付比例等方面选择。首选免赔额低的或者0免赔额的。尽量选择低免赔额的。主要是因为孩子总调皮，磕磕碰碰是常有的事，买款少儿意外医疗保险不能省心也能省些钱。

选择看赔付比例高的，最好是100%报销的。

选择社会保险范围广的，消费者购买保险时，常因粗心不注意或者是为了"便宜"而选择了社会保险范围外需自费的意外保险，消费者要选择不限社会保险范围的意外险，这类商业意外医疗保险对自费药也是可以报销的。

给孩子配备综合保障。有的孩子非常好动，总爱打架玩闹，是典型的"熊孩子"，父母是又急又气又爱，怎么办呢？可以在上述保险的基础上给孩子配备综合保障，比如买个监护人责任保险，将家长承担的部分监护人责任风险，转移给保险公司。

第八章

万能保险、分红型
保险、养老保险及其他

除了意外保险、重大疾病保险、人寿保险、医疗保险等保障性保险产品，市场上还出现了各类保险衍生产品。保险产品的功能也逐渐演变为保障型、理财型和投资型三种。本章主要是讲保险的一些衍生品相关知识。比如，万能保险并不是万能的，万能保险保单失效是怎么回事儿，分红型保险跟投资有啥区别，适合购买年金保险的几种人……

☂ 万能保险并不是万能的

随着保险观念的不断深入，保险产品的功能不断延伸，出现了各类保险衍生产品。保险产品的功能由过去的保障功能演变为保障型、理财型和投资型三种。各家保险公司售卖的万能保险、投连保险、变额保险等就是投资型险种，这类生产有投资型保险产品的保险公司一般是有自己专属资金投资运用的保险资产管理公司，或者有专门的长期委托联合投资机构。

由于保险公司需要管理体量巨大的保险资金，我国很多保险公司都成立了专门的保险资产管理公司。在欧洲知名出版机构 IPE 发布的 2021 年全球资产管理行业 500 强榜单中，我国有 6 家进入了百强行列，包括人寿资管、平安资管、工商银行理财、招商银行理财、易方达基金和泰康资管。其中，作为机构类型为"保险资管"的有 3 家，分别是人寿资管、平安资管和泰康资管。

什么是万能保险

根据银保监会的定义，万能保险是包含投资和保障两大功能的人身险产品。投保人将保费交到保险公司后会分别进入两个账户，一部分进入风险保障账户用于保障，另一部分进入投资账户用于投资。万能保险的保障额度和投资额度的设置主动权在投保人手中，可根据不同时期的需求进行调节，投资账户的资金由保险公司代为投资，投资利益上不封顶，下设最低保障利率。其中，万能保险的收益情况与保险企业的业绩、投资收益情况紧密挂钩。如果投买保险的企业业绩不好，万能保险的收益率就难达预期。

为什么说万能保险万能

万能保险之所以定名为"万能"，主要是因为投保人可以任意调整保额、缴费期，以及保障费用和投资费用之间的比例，还可以支取。

万能保险并不是万能的

万能保险属于投资类保险产品，消费者购买万能保险时需具备防范风险意识，投资有风险，购买需谨慎，万能保险并非万能的。

万能保险保障不等于全面保障。只是强调了既有风险保障，又有投资回报，其实万能保险的保险保障是非常单一的。万能保险的保障只覆盖到身故保障，投保人要想获得门诊医疗、住院医疗、意外医疗、重大疾病等全面保障，还需要额外购买。

万能保险保费与投资连接保险还不同，其保费并非全部用于投资。投保万能保险的保险费会被分成两个部分，一个部分是"初始费用"和少许的管理费用，扣除这一部分之后，另一部分才是可运用资金，才能进入投资账户。再加上万能保险产品结算利率是以投资账户内的资金为基数计算，前期投资收益并不明显。

万能保险退保损失巨大。在购买万能保险时，由于需要扣除初始费用、风险管理费等，前几年保险单个人账户价值会非常低，如果退保损失巨大。

万能保险并不能保证收益。作为投资类险种，万能保险的年化结算利率是随市场波动的，其盈利能力很难预测。

缴费方式很不万能，暗藏风险。万能保险如何缴费是有方法的，我们购买万能保险时，要看清楚缴费方式，是趸缴，还是期缴。如果这些保险产品时间一长没把握时间，或其他原因中断缴费，就有可能造成保险单失效，投保人投进去的钱就会严重受损。

如何选择优质万能保险账户

由于万能保险通常在银行代为售卖，消费者会很信赖而放松了对产品性能的学习和了解。万能保险功能突出的并非保障而是投资，消费者购买时最好选择经验丰富、长期操作这类产品的保险公司，对产品的收益和风险有一个大概的预期。其次对承保保险公司的投资状况、历史收益率也需要提前了解。需要特别关注的是产品历史稳定期持续时间及稳定利率，确定是否满足自身的预期收益和风险承受力。

> **• 要点总结 •**
>
> 　　保险首先是保障，保险公司的最本质的经营优势在于保险本身。如果消费者纯粹是为了追求投资回报，建议到专业投资机构购买金融投资产品，当然包括拥有专业资产管理公司或投资公司的金融保险集团。

万能保险单失效是怎么回事儿

万能保险兼顾理财功能，又有重大疾病、身故等保障，所以每期所缴保费相对较高。因此，消费者在购买时一定要全面评估自身的经济实力与财务安排，按时续缴保费，避免因续期漏缴或不够扣除等原因造成万能保险保险单失效。

为了避免万能保险灵活缴费可能导致的保险单失效，鼓励投保人持续缴费，保险公司一般会提供持续奖金，但是追加保费和补缴保费不享有持续缴费特别奖金。同时，万能保险之所以规定首期保费有最低水平，比如6000 元基础保费，就是为了避免保险单过早失效。

为什么万能保险单会出现失效的情况呢？消费者需要注意万能保险的一个明显特征，它的保障成本是逐年增加的。

假如您今年 30 岁，每年从账户里扣除身故、重大疾病的费用是 500元，等到 50 岁的时候，可能会扣您好几千元一年。因而我们购买万能保险时，一定要保证万能账户里余额足够。

以平安保险公司的万能产品为例，每年平安保险公司会有一个账单，会设定一个优于银行理财产品年化利率的回报率，保单持有人可以从账单里面看到钱的增值数额。平安保险公司每年会从账户里面扣除一定的保费，用作保险合同保障身故、重大疾病等需要的保障成本。万能保险尽管交钱灵活，但前面几年的钱一定要缴够缴足，不能让万能账户里面的钱出现不够支付保障成本的情况。一旦出现这类情况，万能保险单就无法提供被保险人的身故、重大疾病等风险保障，成为无效保单。

很多消费者买万能保险产品几年后选择退保，主要原因在于购买时过于冲动并未充分了解该险种，是一种被动购买。消费者买的时候没弄懂万能保险，也不知道买这个万能保险主要是解决哪些保障。加之万能保险相对于传统保险产品来讲，要复杂许多，里面不仅包含了保险知识，还包括财务、投资、会计、精算等多方面的知识，技术含量较高，很多保险代理人尽管通过了万能保险的销售资格考试，但只是自己懂了一些皮毛，讲给客户，客户也很可能听不懂。

万能保险一旦退保，损失是非常大的。万能保险需要扣除初始费用、风险管理费等。平安保险公司是销售投连保险、万能保险较多的保险公司，该公司的万能保险在市场具备很强的代表性，这款万能保险产品首年要扣 50% 的管理费用，投保人交 6000 元，需先扣掉 3000 元才进入万能账户，回报主要是要靠今后的利率加上以后每年缴的钱，滚雪球般的越滚越大，但是由于所缴的绝大部分保费都用于投资了，所以前几年保险单个人账户价值会非常低，这期间如果退保的话损失会非常巨大。

下面通过几个案例来深入了解万能保险保险单失效等方面的知识。

有消费者咨询买了平安保险公司某万能保险产品，年缴 6000 元，已经缴了三年，人寿保险保额 12 万元，重大疾病（提前给付）12 万元。如果中途不取钱一直交 10 年的话，以后这个保额能否一直有效？

保险单能否一直有效，只需要消费者的账户价值余额足以支付保障保费即可。这个问题最重要的一点就是要关注保障成本这一项，保障成本和年龄、职业类别、风险保额和性别等有关。

据这位消费者描述，由于投保的保额并不高，而且不断往账户里续费，连续缴费 10 年保费且中间不支取的话，是能够支撑设定的保额的。10 年过后若是不再缴了，一般也是能保障终身的。另外，如果客户缴了10 年后，出现断缴，也是可以缓缴的。如果以后遇到通胀压力，再考虑，这是完全可以的。这也正是万能保险的特点所在。

有消费者咨询买了平安保险公司的万能保险，中间由于经济断档，只缴了首年的 5000 元，没有续缴，那么现在保险单还有效吗？还能续保吗？

　　万能保险最大的特点就是灵活性，可迟缴缓缴。但是否失效，要看消费者的账户价值余额是否够支付保障保费。如果收入不太稳定，经济上有压力，是不能轻易购买万能保险的。

　　万能保险首年有 50% 左右的保费是进入自己的现金账户，风险管理费等费用是每月扣除，如果账户现金价值不足以扣三个月，消费者需及时保证账户余额充足，否则保险单会失效。

分红型保险跟投资有啥不一样

分红型保险是介于保障型险种与投资类险种之间的保险衍生产品，是保险公司为了满足部分消费者对保险产品，有较大基础理财需求而生产的理财类保险产品。

分红保险的存在价值与"分红真相"

传统保险产品基本上是通"概率论"原理、以生命表和大数法则为精算基础来设计，是固定预定利率的保险，产品不具备分红理财功能。

分红保险产品是指保险公司将其实际经营成果优于定价假设的盈余，按一定比例向保险单所有人进行分配的人寿保险产品。这个比例一般为70%，保险公司留30%作为管理费用与投资回报。分红保险的存在价值就在于它不仅可以起到正常的保险保障作用，而且还能起到一定的理财作用。

"分红保险"是欧美等西方国家的舶来品，我国最早由泰康人寿在2000年引进，并在市场推出，后来新华人寿、太平洋人寿等人寿保险公司跟进后，对分红产品作了细分，大体有"美式分红"和"英式分红"两类，分红来源分别为保费分红和保额分红两种。

我国常见的分红保险产品多为美式分红保险。分红保险的收益风险来源于保险公司制定的预定回报率、预定死亡率、利率的波动和预定的运营管理费用，也就是业内常讲的死差、费差和利差等"三差"，正收益的话就是死差益、费差益和利差益，亏损的话就是死差损、费差损和利差损。具体分红多少由上一个会计年度该类分红保险的可分配盈余来确定，分红的具体发放时间为保险单年度日，分红金的领取方式有多种，包括现金领取、累计生息、抵缴保费和缴清增值等。

事实上，保险公司作为商业经营企业，经营利润和市场竞争力是各家保险公司确定其分红保险产品分红标准的真实依据，而非完全依据"实际经营成果"。实际上，保险公司在每个会计年度结束后，公布的分红标准基本上是按跑赢银行一年期定期存款利率的标准以及与同业比较，最终确定的分红与保险公司投资团队实际投资亏损或盈利程度往往并不直接关联。

分红保险与投资的不同

分红保险在险种结构及形式上比较接近传统产品，实际上是对传统产品的一种改良，让消费者在获得保障的同时，还可分享保险公司的部分经营利润。

与投资及投资类保险不同的是：分红保险的"分红"仅仅是为了分享部分经营利润，为了抵御通货膨胀；而投资类的险种，如万能保险、投资连结保险等，主要是投资功能，满足投保人在涵盖基本保障的基础上获取更多投资回报的需要。

分红型保险与投资类保险的具体不同主要表现在以下几个方面。

账户：投连保险是保障账户和投资账户分离并设置有几个不同的投资账户，万能保险设有保障账户和一个单独的投资账户，而分红保险不设单独的投资账户，分红保险的保障和分红账户是统一的。

回报：分红保险的分红回报是相对稳定可预期的，投保时保险代理人会向客户作预期分红演示，包括低档、中档和高档，低档以银行一年期同期利率为基础的保证利率。保险代理人通常以中档分红为例向消费者进行产品讲解。投连保险和万能保险享有可能较高回报的同时也要承担较高的风险，尤其是投连保险，其投资账户的形态有激进型、稳健性、保守型等多种可供选择。

投资渠道：分红保险的投资渠道为：（1）大额银行长期协议存款；（2）国债；（3）AA级以上信誉企业债券；（4）国家金融债券；（5）同行业拆借；（6）证券一级市场（10%），证券二级市场（10%）；（7）直接或间接投资国家基础设施建设等。

万能保险设立的投资账户，除了可以做债券投资外，其投资股票二级市场的比例不能超过 80%。

投连保险设立的投资账户，除了可以做债券投资外，其投资股票二级市场的比例可以为 100%。

利润：分红保险的红利主要来自费差益、死差益和利差益这"三差"。此外，还有退保差益等微弱因素影响。万能保险和投连保险的利润则来自投资账户的投资收益。

投资风险：投连保险的投资收益与风险由保险单持有人承担，投资的属性明显，风险性较高；万能保险的投资收益与风险由保险公司与客户共同承担，风险性相对较小；分红保险的投资渠道收益相对稳定，风险最小。

缴费灵活度：分红保险缴费时间及金额固定，保障的保额不可调整。万能保险与投连保险具有缴费灵活，保额可调整的特点，因此也叫"变额保险"。

透明度差异：分红保险资金的运作不向客户说明，保险公司只是在每个保险合同周年日以信函形式告知保险单持有人该保险单的红利金额。

万能保险则会每月或者每季度公布投资收益率。

投连保险由于投资回报的风险性较大。银保监会规定了投连保险的投资部分运作需透明，各项费用的收取比例需分项列明，保费的结构、用途、价格均需一一列出，每月最少一次向客户公布投资单位价格，客户每年还会收到年度报告。

保障功能的区别：分红保险一般采用均衡费率，在固定的时间缴纳固定金额的保险费，并保证自动连续续保，最长可以保障终身，在发生保险责任完成理赔后，保险合同终止。

万能保险和连投保险在保障方面采用自然费率，也就是每年所缴的保费都不同，一般是年龄越大，缴费越多，超过 45 岁以后其保费会大幅度攀升，并且不能保证续保，当发生保险责任理赔后，对应的该项保险责任终止，同时投资账户金额会等额减少。

要点总结

分红保险和万能保险、投资连接保险均属于保险衍生产品。

分红保险是理财型保险产品，主要是保障，其次是具备一定的理财功能，有保底分红红利，没有亏损风险。万能保险和投连保险是投资型产品，以投资回报为主，兼顾保险保障。投连保险比万能保险更为激进，风险更大，因此投资回报率也相对更高。

分红保险的"分红"是领回好还是累计生息好

分红保险能够依靠自身的分红来抵御一定的通货膨胀，能够让投保者分享保险公司的"实际经营成果"，保险公司会按照上一个会计年度该类分红保险的可分配盈余，来确定分红标准并作分配比例安排，保险公司留30%作为运营管理费用和投资回报，70%分配给保险单持有人。

分红的主要功能是抵御通货膨胀

分红保险的分红功能主要是能够依靠自身的分红来抵御一定的通货膨胀，能够让投保者分享保险公司的"实际经营成果"。

分红保险的本质是保险保障，"分红"功能只能附加，并不会因为所缴保险费而"盈利"。

分红保险的"分红"如何领取最好

各家人寿保险公司的实际经营中，分红保险"分红"的选择领取方式一般有四种，即现金领取、累积生息、抵缴保费和缴清增值。具体以什么样的方式领取，在填写投保险单时就需要投保人或被保险人选择。

实务操作中保险代理人一般会建议消费者选择"累计生息"这一种。之所以建议首选此种领取方式，主要是因为分红保险的前提还是保险保障，分红保险的"分红"本质和目标并不是为了盈利或实现盈利，更多的是为了抵御通货膨胀。

消费者也可以选择"现金领取"。不过，如果消费者没有资金过于紧张等特别因素，选择"累积生息"的方式要优于"现金领取"。一是因为如果年缴保费不是足够高的话，"现金领取"的额度只是"杯水车薪"，有的只是一种"回报的感觉"，没有太大的实质意义；二是因为"累积生息"不仅能抵御通货膨胀，也能更好地发挥分红保险的理财功能，让客户理财收益最优化。

要点总结

分红保险"分红"的领取方式有现金领取、累积生息、抵缴保费和缴清增值四种，建议在投保的时候，优先选择"累积生息"这种分红领取方式，最大限度地发挥分红保险的"分红"价值。

适合购买养老年金保险的几种人

配置养老年金保险是我们年轻时为年老时所做的智慧准备，是确保老年时生活"气定神闲"的物质保证。具体适合购买养老年金保险的人群，以家庭为单位，包括以下几类。

工薪家庭

对于大多数普通工薪家庭而言，养老年金保险最大的价值就是能将自己的工资收入中用于未来老年生活的部分，一般为工资收入的 1/3 到 1/4，购买养老年金保险，交给保险公司为消费者做长期资金运用，获得比银行同期利率高、比股票基金产品收益风险稳定的回报，确保工资收入开支后的余额部分能长期稳健地保值增值。

中产家庭

以经济收入多寡为分类标准，我国的阶层分布是呈橄榄形的。中产家庭是最中间的那部分，也是数量最为庞大的部分。这类家庭具备一定的资金积累，可以通过购买养老年金保险实现强制储蓄和资产保值增值，充分发挥年金保险的突出作用。

高净值人群

对高净值人群来说，资产的安全与传承是他们首先考虑的"底线思维"，赚钱不易，当然希望能被子孙后代继承发展，高净值人群大多被银行的理财经理锁定，为这类人群提供 VIP 理财一对一服务。其实，现在不少保险公司也针对高净值人群提供 VIP 增值服务，向他们售卖长期期缴保障型保险产品的同时，通过标准普尔等资产管理模型展示养老年金保险的魅力。养老年金保险已经成为保险公司开发高净值人群的重要险种，不仅保险公司，保险中介公司也领悟到养老年金保险的市场潜力，市场上有一家头部保险中介机构就是专门销售养老年金保险，市场估值已超过 20 亿元。

基础保障不全面的家庭

基础保障不全面的家庭根据家庭结构和生活观念的不同，有适合购买养老年金保险的家庭，也有不适合购买的人群。从专业的角度讲，重大疾病保险、人寿保险、意外保险、医疗保险等基础保障尚未配置齐全的家庭或个人就暂时不适合买养老年金保险。我们需要牢记的是，养老年金保险与其说是保险，其实更多的是一种"强制储蓄"，作为家庭理财的一种方式，使资产保值增值。

我有必要去香港买保险吗

近年来，不少人跟风去香港买保险。到香港买保险这事真的靠谱吗，去香港买保险到底好还是不好？还要具体情况具体对待。

消费者常常听说的"香港保险"，其实并不是指香港本地保险公司定制的保险，而是指在香港地区售卖的保险。

险种选择要理性

香港作为全球第三大金融中心，售卖的保险主要是英国、美国等西方国家生产的保险产品，与内地生产的保险产品，背景是有很大不同的，这就导致了不同的产品有不同的优劣，同样的产品也有各自的优劣。

比如在高端医疗方面，显然香港售卖的保险产品具有优势。若是在重大疾病和普通医疗保险方面，显然在内地购买要合理得多，包括重大疾病认定标准、就医方便等。再比如投资理财类保险，很多人有一个误区，认为境外保险单投资回报率高，其实中国内地的全球经济增长率一直是领先的，而美国、英国等发达资本主义国家的年经济增长率落后于中国内地，在中国内地做生意利润率常常达到15%以上，而在美国，通常利润能达到5%的生意就很少了。这就是说，在中国内地购买理财类保险，其投资回报率在理论上是要远远优于境外产品的。

去香港买保险到底好不好，首先要注意的几个方面

法律风险：香港和内地的保险政策是不一样的，内地的保险法在香港并不适用。更重要的是，来自香港的保险单在内地没有明确的法律承认，属于"地下保险单"。香港保险单是金融产品，消费者购买时，千万不能受从众心理、赶时髦等因素左右。

医疗水平差异：香港及承保保险公司所在国家的医疗水平，器械更为

先进，康复理念也更为成熟，相对内地能够满足更多的医疗需求。但这些更多地仅限于高端医疗方面。

金融差异：港币是和美元挂钩的，所以转换费率上也会有不同，赔付时要考虑进去。

投资收益差异：保险单的投资收益的资金运用，目前没有数据表明，境内金融机构的投资回报能力弱于境外机构，加之经济形势对一个国家的资金投资回报率有重要影响，购买香港保险单时要全盘考虑。同时，很多人买香港保险单是为了资金安全，来自香港的保险单，是否真正比在内地投保资金更安全，需要我们作全新考虑。

投保年龄：内地保险公司对投保年龄一般限定为60岁以内，香港的险种对于年龄的限制要比内地宽一些，能到70岁。不过，如同内地也有不少参与保险业务的互联网公司推出的线上保险产品也有能保到70岁以上一样，更多的是一种噱头，细究起来，有利有弊。

理赔操作便利性：买保险的目的就是为了"赔"或"给付"，购买时要充分考虑理赔时的便利性。要考虑好是否要出境治疗、交通医疗陪同等费用支出、理赔方不方便等实际情况。

从险种上看有没有必要去香港买保险

买医疗保险、意外保险，建议是不买。

消费者没有必要舍近求远去香港买这两款保险，因为内地与香港的医疗保险和意外保险在保险定制上，尤其是在保险费和保险责任方面别无二致。

一旦出险，到香港去处理理赔事宜或申请理赔，都将是非常耗时耗精力的事情。如果是医疗保险，可能还需要被保险人赴境外就医，目前境外的医疗条件和医疗水平不一定比得上北京、上海、广州、深圳等一线城市，而且还要舟车劳顿，病人是经不起折腾的。更何况是当事人发生意外、出现生病时，当事人本人和家人更是无条件、无时间、无心情处理理赔这类烦心事。这两类保险在内地投保，一旦出险，就医和理赔的场景就会完全不同，可以直接到当地保险公司的分支机构报案索赔，或直接联系保险代理人，由保险代理人全程协助完成从报案、申请、递交材料直至保险金到账等全部理赔流程。

买重大疾病保险，可以考虑。

过去，去香港买重大疾病保险是很有优势的。一是因为产品本身的优势，二是因为这类保险是给付型险种，只要确诊就能赔付，简易方便。

香港的重大疾病保险的保障范围比内地同类保险要广泛，而且保费比内地至少低 20%，这是香港重大疾病保险的突出竞争力，但是近年来，在保障病种范围方面，境内重大疾病保险已经不输境外保险单了。而且，以前香港的重大疾病保险理赔形式更加灵活，境内重大疾病保险一般是当投保人在保险期间出现重大疾病，保险公司给予一次性赔付，保险合同终止；但在香港买的重大疾病保险理赔形式更多样，比如它有早期危疾病可预支保额，保险合同继续，如果再次出现重大疾病可再预支最高 100% 的保额，这种方式更好地保障了投保人利益。

但现在不同了，内地的重大疾病保险产品已经在迅速跟进，比如太平人寿在 2021 年上半年就推出了"佳倍保"保险产品计划，以弥补以前投保的健康保单在万一将来发生一次重大疾病之后的保障空白，有效应对恶性肿瘤的"新发""复发""转移"和"持续存在"带来的长期经济压力，避免一旦理赔后无法再拥有保障的缺憾。太平人寿推出的这款行业首创、多次赔付的福利保障升级包——佳倍保可以做到"赔了还领、领了还赔"，已经令香港保单不再有这方面的明显优势。

同时，在香港买重大疾病保险有明显弊端，比如关于就医医院资质问题，有些内地医院就不被香港重大疾病保险就医标准所认可，若是被保险人在这类医院确诊，则确诊结果就不会被接纳，还得另找医院重新诊断。还有一点就是，若遇到不满意的拒赔，在内地可以找银保监会、消费者协会等监管部门投诉，香港保险单只受香港保险规定的约束，当消费者不满意时，需要向香港保险索偿投诉局申请，如果协调不成功，还要在香港找律师打官司，既浪费时间又耗费金钱。

买连结保险等投资类险种，建议慎买。

投连保险一般投保期限为 5 年、10 年或者 20 年甚至更长时间，人民币与美元之间汇率波动，是一个汇率风险源。而且香港的投连保险，其投资回报率并不比内地投连保险高，因此也不建议购买。

保险的投资收益与风险成正比的基本原则决定了保险单收益存在较大

的不确定性，香港保险市场化程度较高，未对红利演示作出明确要求，大多数产品通常采用中高档 6% 以上的投资收益率进行分红演示，有的还用 10% 以上的高档预期收益来吸引消费者，这类收益又不能保证，而且还涉及承保的保险公司能否长期保持高投资收益率的问题，即使收益高也会有国际资本收购等不确定风险，因此，消费者一定要警惕该保险的投资风险。

车辆保险的投保与理赔

车辆保险在我国属于"强制"保险，新车或二手车，只要上牌上路，就必须购买车辆保险，车辆保险主要包括交强险和商业保险。

什么是交强险和商业保险

交强险的全称是"机动车交通事故责任强制保险"，它是我国首个由国家法律规定实行的强制保险制度。交强险是由保险公司对被保险机动车发生道路交通事故造成受害人（不包括本车人员和被保险人）的人身伤亡、财产损失，在责任限额内予以赔偿的强制性责任保险。每辆车都必须投保交强险，否则不能上路行驶。

商业保险与交强险则不同。商业保险是保险公司和车主建立的一种商业保险行为，可买可不买。交强险是不买不得上路，而商业保险则是不买不敢上路。

商业保险主要包括车损保险、三者保险、司机座位保险 / 车上人员责任保险等。

消费者要买哪些车辆保险才对

买车辆保险，首先要买的是车损保险和三者保险。通俗讲，车损保险就是自己的车辆受损了，可以凭保险找保险公司赔。这个车损保险于自驾车车主来讲，自然是想保的了。三者保险更要保。三者保险就是自己把别人撞了，也不用担心承担赔偿责任，三者保险就是管这个的，也可以凭第三者责任险来找保险公司赔给对方。

车损保险的保额一般保险公司会依据车辆行驶年限等数据作车价折扣后按车辆重置价确定最高投保保额，每年的保额会逐年递减。车损保险的保额车主可低选不可高选，保险金额不能超过重置价格。

　　三者保险的保额一般选 50 万元或以上，我自己的家庭用车，三者保险选的保额都是 100 万元。大家想想，万一撞到豪车，或发生人伤怎么办？建议消费者都选 100 万元以上，买个安心。

　　选择了车损保险和三者保险，还可以选择车辆盗抢保险、玻璃单独破碎保险、车身划痕保险、司乘座位保险等。如果司机是刚拿到驾照，建议购买车身划痕保险，毕竟路上车多人多，免不了一些微小的磕碰之类。倘若购买的是新车，建议最好购买全车辆保险，车上人员责任险也要买，毕竟人比车贵，车都买了保险，人哪能不买？

　　发生车辆交通事故后，如何做理赔呢？

　　如果是两车相撞，没有人伤的话，可以走简易快速报案理赔程序，双方确认好两种责任归属后，向保险公司报案，留下对方行驶证、驾驶证、身份证和电话等信息后，尽快让出交通通道，避免在路中间再次发生事故或造成拥堵，走车辆保险，各自开车自行离开，修车费由保险公司来支付。

　　如果发生人伤，需要迅速报案，由保险公司派遣理赔人员来现场查勘定损。

　　两车相撞的情况，只要对第三方（除本车、本车上的人）造成损失的，无论是否有责任，都需要通过交强险作赔偿。2020 年的最新规定是，即使无责任，也要对三方财产损失最高赔偿 100 元，三方医疗费最高赔偿 1000 元，三方死亡伤残最高赔偿 11000 元。

　　如果是自己开车撞到固定物体造成车损，这个理赔就比较简单了，只需拍下现场照片，向保险公司报案，说明事由后，把车开到修理厂修理即可，费用由保险公司支付。

　　需要强调的是，消费者在申请理赔时，一定要明确走直赔程序。所谓直赔程序就是保险公司直接赔付，支付修车款给到保险公司认可的机动车修理厂。于车主利益来讲，直赔程序最大的优势就是在车辆修理过程中不需要消费者自己来垫付修理款，然后再拿发票找保险公司报销这些烦琐过程。

　　关于走直赔程序，一些保险公司作了两个条件限定，一是不涉及人伤或物损的纯车损（包括标的车辆、第三方车辆）案件；或者保险车辆撞击固定物体、不涉及第三者赔偿仅车损的案件。二是事故责任、保险责任明确、单证齐全、保险双方无争议、保险费到账、保险单有效的案件。

家庭财产保险该怎样保

家庭财产保险，是以城乡居民的有形财产为保险标的的一种保险，是个人和家庭投保的最主要险种之一。

如何投保家庭财产保险

家庭财产保险是属于财产保险，人寿保险公司不保，一般由财产险公司承保。我国的财险公司多达几十家，有人保财险、太平洋财险、平安财险等，我们投保家庭财产保险选择的范围是很广的。

各家庭财产保险公司承保家庭财产保险的范围有一个普遍界定。凡属被保险人所有、使用或保管的、坐落于保险单列明的地址的房屋内的家庭财产，都可以向保险人（保险公司）投保家庭财产保险。一旦投保家庭财产保险，居民或家庭遭受的财产损失由保险公司提供及时的经济补偿。

由于家庭财产保险属财产损失险范畴，与人身保险不同，它只能起到损失补偿的作用，并不能因为购了家庭财产保险而获得额外的利益。

家庭财产保险的具体承保范围

根据保险责任的不同，普通家庭财产险又分为灾害损失保险和盗窃保险两种。家庭财产保险的投保范围一般包括房屋及房屋装修、衣服、卧具、家具、燃气用具、厨具、乐器、体育器械、家用电器等；至于盗窃、抢劫、金银珠宝以附加险形式加以承保。

一般不同的保险公司推出的家庭财产保险保障范围会有一定的差异。在购买家庭财产保险时可以到不同的保险公司进行咨询，也可以请在保险代理公司工作的保险代理人为您提供购买服务，选择一款最适合自己的。在购买时尤其要关注它的保障范围，还有就是赔付的条件，遗失的财物是如何确定的。在投保家庭财产保险时要注意它的免赔情况，有很多情况是不会赔付的，比如家庭财产保险对盗窃的赔付，一般只赔付有明显盗窃痕迹（例如门窗被破坏）的情况，而没有明显盗窃痕迹或者是发生盗窃时门窗没有关好，就无法获得理赔了。这些拒赔的理由是显而易见的，就是为了避免"自盗"等逆选择。

家庭财产保险的保险期限

根据被保险人的不同需要，家庭财产保险可以分为普通家庭财产保险，保险期限为 1 年期。定期还本家庭财产保险的保险期限为 1 年期、3 年期或 5 年期。

家庭财产保险的保险金额

保险金额由被保险人根据保险财产的实际价值确定，并且按照保险单上规定的保险财产项目分别列明。

保险费普通家庭财产保险保险费依照保险人规定的家庭财产保险费率计算，费率多为 0.2%—0.3%，也就是说保作价 100 万元的家庭财产，约需要 3000 元的保险费，一般保一年，一年后再重新投保。缴纳保险费后，保险公司承保，保险责任从保险公司签发保险单次日零时起生效，到保险期满日为止。

家庭财产保险如何办理理赔赔付

被保险人索赔时，应当向保险公司提供保险单、损失清单和其他必要的单证。

第九章

理赔知识早知道，
关键时刻不慌乱

保险理赔一直都是人们关心的话题，为了保证理赔工作迅速、准确、合理，本章就为大家介绍保险理赔的基本常识。比如，不做好保单管理，可能会影响理赔，保费断了几个月，还有可能理赔吗，人寿保险理赔流程的七个环节，非人寿保险理赔流程的六个步骤，遇到纠纷如何联系监管部门……

不做好保险单管理，可能会影响理赔

虽然很多人不是第一次买商业保险，但是很多人不清楚自己已有的保险单保障什么。

我以前为消费者做保险单整理时，发现有以下情形：

早期投保的产品多为分红理财型，没有保障；以前投保的保障型产品保额太低，作用不大；之前已经买了意外保险、医疗保险，但是后面发生保险事故却不知道可以理赔；有些消费者同一保障内容重复多次投保，例如意外医疗、住院医疗，无法找齐所有保险单。

买完保险后，要做的第一步也是最重要的一步，找齐保险单。

有些人买了保险单就压箱底，可能都不知道压在哪个箱底，所以要先找齐家里的保险单。然后开始整理全部保险单所涵盖的保障内容。

整理保障内容分为几个部分：

基础信息：投保人、被保险人、受益人、保险合同成立日、险种名称、保险期间、交费期间、保险金额、保险费等。

保险责任：保险单正文中有相应的"保险责任"条款，消费者不妨将保险责任整理成文字内容，以便查看。

其他信息：缴费账号、保险单服务人员联系方式，所有相关信息整理成一份电子表格方便查看。

需要特别提醒的是：缴费时间最好设置一个提醒，保证保险单能够有效续保。因为很多人早期保险单原有的保险代理人已经离职，这样的保险单可能已经成了"孤儿单"，一定要留意缴费信息，以免保险单失效。

产品名称、产品责任要记录清楚，包括一些附加的消费型产品，以免有相关问题的出险，不知道自己可以理赔。

通过电子渠道投保的产品，例如通过支付宝、微信等购买的保险，在整理保险单的时候不要遗漏。

最后建议将家庭成员现有的保障，汇总成一份表格，可以更直观地呈现家庭成员的整体保障情况。

"不可抗辩条款"，保护消费者的理赔利益

我国自从 1995 年 6 月 30 日颁布第一部《中华人民共和国保险法》后，历经 2009 年、2014 年两次修正，形成目前正在实施的保险法。

《中华人民共和国保险法》规定：如果投保人未履行如实告知义务，保险合同成立 2 年后，保险公司不得拒赔，这被称为"不可抗辩条款"。该条款的出现，立法用意在于保护弱者，维护消费者权益。

在我国，在司法案件中，涉及法律没有明文规定或者规定不明确的部分，按惯例一般会作出有利于个人一方而非法人一方的解释和判定。随着保险业在我国的快速发展，旧的保险法已经不再适应保险业出现的新情况和新问题，明显制约了保险业的健康发展。因此，新的保险法，作了大量的修改，修改的内容主要集中在明确投保人和被保人利益、规范保险公司经营和强化保险监管等方面。

按照当前实施的《中华人民共和国保险法》，如果投保人未履行如实告知义务，保险合同成立二年后，保险公司也不得拒赔。这就意味着，如果消费者在投保时有意或无意虚报年龄、虚报身体健康状况、虚报经济收入等相关投保信息，一旦保险公司承保，未来发生理赔，保险公司也需要承担赔付责任。

"不可抗辩条款"还有一个突出的特点是自杀条款，关于被保险人自杀保险公司是否赔付的问题。《中华人民共和国保险法》规定：以死亡为给付保险金条件的合同，自成立之日起满二年后，如果被保险人自杀的，保险人可以按照合同给付保险金。通俗来讲，消费者买了保险之后，被保险人二年内自杀，保险公司不赔，但二年后自杀，保险公司是需承担赔付责任的。

新版保险法中突出不可抗辩条款的作用，对保险公司的经营特别是保险代理人的诚信经营和素质教育提出了更高的要求。通常情况下，保险代理人对于一些使用简易投保程序的业务，尤其是对那些没有体检核保要求的投保业务，会特别留心观察被保险人的身体状况，了解被保险人的过往病史和家族病史，分析投保人购买的真实意图。保险代理人在明知被保险人有明显身体缺陷或疾病的情况下为之投保，在明知被保险人年龄不符的情况下违规投保，在明知投保人做逆选择的情况下违规投保，都将构成"保险欺诈"。

"逆选择"加重了保险公司的经营负担，也会影响其他投保人的利益，进而影响保险行业的声誉和行业的健康发展。消费者不能据此刻意侵害保险公司的利益，但可以以"不可抗辩条款"保护自己的保险利益，规避因为自己的疏忽而造成的拒赔风险。

● 要点总结 ●

"不可抗辩条款"是专门用来保护保险消费者的。投保时出现被保险人年龄、身体状况、投保人经济收入等的"错误"填写，未履行如实告知义务，保险公司承保后若不作追究，保险合同成立二年后，保险公司不得拒赔。

保费断缴了几个月，还有可能理赔吗

商业保险往往需要缴 10 年、20 年甚至更长时间，保障往往要保一辈子，出现遗忘、漏缴等各种断缴情形时有发生，把握不好，就会直接损害消费者利益。

要彻底弄清这个问题，其实只需要了解保险续费中存在的三个特定概念——宽限期、中止期和终止期就可以了。弄懂了这些概念，消费者自己就能据此判定是否有可能理赔了。

保险合同宽限期

消费者投保之后，每年有一个续缴保费的时间，一般在保险单年度日的前 15 天以内为正常续费时间。这个时间通常保险代理人会提醒消费者续缴保费，承保公司统一客户服务短信等也会提醒您按时续期缴费，保险合同持续有效。

不过，经常发生的情况是，续缴几年之后，时间长久了，保险代理人不再提醒续费、有些保险公司因为种种原因不再提示续费，或者消费者漏掉了续费提示信息，这些情况很难保证消费者在保险公司规定的时间内续费。同时，保险公司也考虑到投保人续费时可能出现的临时保费支出困难，基于以上，保险公司专门给予了消费者一个续费的"宽限期"。

各家保险公司设定的"宽限期"一般为 60 天。保险单年度日之后的 60 天宽限期内，保险合同继续有效，如果宽限期内发生保险合同约定的保险责任事故，保险公司承担支付保险理赔金责任。

60 天的宽限期内出险，保险公司依然担保险责任。需要注意的是，在此期间内出现保险事故，保险公司在赔付时，会减去本期应交保费。

保险合同中止

保险合同中止是指续期保费未缴纳，超过 60 天的"宽限期"后仍未交纳续期保费，则该保险合同"中止"，保险合同效力进入"中止期"，中止期为 2 年，中止期内保险公司对期间发生的风险不承担责任。在中止期内可申请恢复合同效力。

中止期内发生保险事故是不赔的。

保险合同的中止，在人寿保险合同中最常见。如果消费者在约定的保险费交付时间内没有按时缴纳，宽限期过后仍未续费进入中止期，中止期内一旦发生保险事故，保险公司不承担保险责任，也就是不会理赔。不仅拒赔，此前多年所缴纳的保费也白缴了，保险公司不会退还保费，只会退还给投保人或被保险人保险单的现金价值，损失会很大。这种情况消费者一定要避免发生，一旦出现合同中止，我们需要尽快续费，保证保险单持续有效。

中止期内投保人有权复效，通过补缴保费及滞纳期利息实现保险单复效。如果保险合同中有等待期的话，必须过了等待期后，保险公司才会承担保险责任。不同险种、不同保险公司险种的等待期都不尽相同。意外保险没有等待期，但更多的健康类险种，保险公司为预防"逆选择"等道德风险，都设置了一定的等待期（观察期），比如疾病医疗方面一般等待期会有 30 天、90 天等，重大疾病等待期一般有 90 天、180 天甚至 1 年。

复效后的合同与原合同具有同样的效力，保险公司继续履行承保责任。

消费者购买保险时一定要量力而行，确保后续每年有能力支付续期保险费。消费者要通过日历卡片等方式把保险单续费日期和每月需还车贷、房贷、信用卡的日期设置在一起，留意好续费时间，按时续费、避免遗忘漏缴产生损失。

保险合同终止

相对于保险合同中止，保险终止是保险合同中止期结束后，投保人仍然没有申请并办理保险单复效手续，保险单就失去保障价值了，保险合同终止，保险公司不再承担保险责任。

如果说保险中止期，保险单复效还可以让保险单功能"起死回生"的话，那么，中止期两年后保险合同终止，保险单将彻底"死亡"。

当然，保险合同终止除了迟迟不缴保费导致的终止之外，还有多种其他保险合同终止的情况。保险合同终止是指保险合同成立后，因法定的或约定的事由发生，使合同确定的当事人之间的权利、义务关系不再继续，法律效力完全丧失。终止即保险合同解除，终止的发现归结为两种，一种是发生赔付，保险合同终止，一种是人为解除合同，保险合同终止。

• 要点总结 •

购买保险切勿断缴。断缴保险费会涉及宽限期、中止期和终止期三种情形。

保险宽限期为保险费续缴到期日起 60 天，此期间补缴保险费不影响。60 天宽限期过后仍未缴保险费进入保险中止期。中止期内保险公司不承担保险责任，但补缴保险费后可以复效。保险费续缴到期日起两年内仍未补缴纳当期保险费，保险合同进入终止期，保险合同无效，这是非常吃亏的行为。

有序做好四件事，保险理赔不困难

人寿保险理赔又称核赔，当被保险人发生双方约定的保险责任，向保险公司提出索赔申请并提供相关资料后，经保险公司审核、调查并做出赔付或拒赔的行为。

消费者投保人寿保险，目的就是对人的身体和生命安全提供保障。一旦投保人寿保险出险后，应该及时报案，准备相关材料，这样便可以快速、便捷地获得保险公司的赔偿。有序做好以下四件事，保险理赔就不困难了。

及时报案

一旦出险，投保人（被保险人或受益人，以下统称申请人）必须及时报案，向保险公司客服或理赔部门提出报案申请，完成赔案受理和立案。

根据保险合同的规定，保险标的遭到损毁或发生保险事故时，申请人应当尽快通知保险公司。一般情况下，投保人应在保险事故发生后 10 日内通知保险公司，但由于各个险种的理赔时效都不尽相同，所以一定要根据保险合同的规定及时报案，以防自己的利益遭到损失。若投保人是用口头通报的形式报案的，则事后须补填正式的出险通知单。报案时应详细说明报案人及被保险人的基本情况，保险事故发生的时间、地点、原因、经过和结果等。

提供保险单有效性单证

申请人需向保险公司提供保险单正本、被保险人和受益人的身份证件（身份证、户口本、军官证、士兵证等）原件及最近一次所缴保费的发票，若委托他人办理理赔手续的还需填写委托授权书。另外，万一保险单和发票都没有也不用着急，只是程序上会烦琐一些，理赔人员可以通过保险公司内部系统核实。

提供医疗费用单证

申请人需将载明有保险单基本信息、报销明细和申请人签名的理赔申请书，医院所发生费用的原始单据等提交给保险公司，保险公司依据材料作出理赔金额核定。如果被保险人有社会保险医疗保险和企业补充医疗保险等，保险公司将依据保险单所载保险责任，对社会保险、补充医疗保险已报销后的部分进行理赔。

配合保险公司进行事故调查

资料收齐后，保险公司的客服或理赔部门将理赔例行调查。调查无异议，保险公司将按照确定赔付金额，将保险金转入受益人指定银行账户。

办理理赔时，申请人可以从报案时就邀请保险代理人参与，协助申请人进入理赔全流程的专业申请和追踪，直至理赔款到账。

现实案例的实务操作中，如果最后申请人认为保险公司的赔付没达到预期或者出现拒赔等情形，申请人是可以通过人民法院起诉保险公司要求赔偿的。

人寿保险理赔的七个环节

保险公司作为专业化的非银行金融机构，从收取保费那一时刻起，就担负起了给付到期保险金或赔付保险金的责任，理赔的每一个环节都需要明确、规范。人寿保险理赔，包括从保险事故发生或保险责任到期时开始到保险人做出给付或赔款决定，以及最后被保险人或者受益人领取相应保险金的全过程。在整个人寿保险理赔的过程中，需要经过一系列工作环节和处理流程。

从各家保险公司的实务操作来看，理赔要经过接案、立案、初审、调查、核定、复核、审批、结案、归档七个环节。为了确保人寿保险理赔流程能够公正合规、高效有序地开展，各家保险公司通常对各个环节制定了相应的规则。

接案。接案是指保险事故发生后，保险公司接受客户即保险单权益人（投保人、被保险人或受益人）的报案和索赔申请的过程。这一过程包括报案和索赔申请两个部分。 根据保险金种类不同，报案的途径不尽相同。如果消费者对保险公司的部门构成及工作职能不熟悉，可以在保险代理人的配合下报案和申请索赔，或者委托保险代理人全权代为办理。

立案。立案是保险公司的报案电话接线专员接到报案后，整理案由立案，使赔案流转到正式的办理阶段。

初审。初审是指保险公司运营部门核赔人员对索赔申请案件的性质、合同的有效性、保险事故发生的真实性以及相关方面事实进行初步审查认定的过程。

调查。核赔调查在核赔处理中占有重要的位置，核赔调查包括现场查勘、电话询问、关系人核实等方面。对能否给予理赔起到关键作用。根据保险金种类不同，索赔时应提供的资料也不一样，一般要求提供有关证件原件。需要说明的是，随着电子化的普及，理赔中，保险单和保费收据可以不必提供，理赔人员能够从公司系统上直接核实。

核定。查勘完成后就是定损的过程，也就是确定本次事故需要承担的具体保险金额的计算核定过程。

复核、审批。复核、审核是保险公司内部管理流程上的一道必经手续，这是一个保险公司的分级授权、领导把关的过程，能够发现业务处理过程中的疏忽和错误并及时予以纠正。同时，复核对核赔人员也具有监督和约束的作用，防止核赔人员个人因素对核赔结果的影响，保证核赔处理的客观性和公正性。消费者了解此环节的基本功用即可。

复核完成后，根据赔付金额的大小，公司有相应的签字授权。对于理赔金额较大的案件，需要由公司首席核赔师和公司总经理签字审批。

结案、归档。结案人员根据理赔案件呈批的结果，制作《给（拒）付通知书》或《豁免保险通知书》，并寄送申请人。对需要给予赔付的案件，转移至财务部门向受益人账户打款，理赔环节全部完成。

当我们了解了保险公司的这些理赔环节及主要工作内容后，在遇到保险事故时，就可以对理赔过程、理赔时间做到心中有数，有计划地实现理赔金的顺利领取了。

非人寿保险理赔的六个步骤

由于承保标的与承保风险等的不同，非人寿保险的理赔流程有其专门的流程。非人寿保险理赔的程序主要包括接受报案、审核保险责任、进行损失调查、赔偿保险金、损余处理及代位求偿六个步骤。

报案

保险事故发生后，被保险人或受益人需要在第一时间拨打承保公司的报案电话，或者以其他方式，告知接线人员事故发生的时间、地点、原因及其他有关情况，完成保险公司受理赔案的程序。

审核保险责任

保险公司接到报案后，会审核该索赔案件是否属于保险公司的责任，审核的内容包括：保险单本身是否仍有效力，损失是否由所承保的风险引起，仔细审核损失的财产是否为保险财产，损失是否发生在保险单所载明的地点，损失是否发生在保险单的有效期内，请求赔偿的人是否有权提出索赔，是否存在索赔欺诈等。

进行损失调查

保险公司审核保险责任后，会派人现场实际勘查，分析损失原因，确定损失程度，最后认定求偿权利。保险合同中规定了被保险人的义务是保险人承担赔偿责任的前提条件，否则保险公司是可以拒赔或者部分赔付的。比如，当保险标的危险程度增加时，被保险人是否履行了通知义务，以便保险公司派出相应行业专家来管控风险。再比如保险事故发生后，被保险人是否采取了必要的合理的抢救措施，防止损失扩大等。

赔偿保险金

对损失属于保险责任范围内赔付，保险公司估算赔偿金额后，立即履行赔偿给付的责任。财产保险合同赔偿的方式通常是直接将理赔金汇入被保险人指定的账户。也存在着将损失财产恢复原状、修理、重置或以相同实物进行更换等理赔方式。这些方式保险公司会在投保时就与被保险人进行约定。

损余处理

损余处理也叫残值处理。如果保险公司确定按全部损失赔偿被保险人，其受损标的物残值归保险公司，或者从赔偿金额中扣除残值部分。

代位求偿

代位求偿权在保险公司就三者保险享有的一种止损权利。本质上，如果保险事故是由第三者的过失或非法行为引起的，第三者对被保险人的损失须负赔偿责任。不过，由于被保险人投保了第三者责任保险，被保险人不必去找对方赔偿，直接申请保险人赔付即可。但是，保险公司做出先行赔付后，被保险人须放弃向第三方继续追偿的权利，并且应当将追偿权转让给保险公司，并协助保险公司向第三者责任方追偿。

遇到纠纷，如何联系监管部门

买保险的目的只有一个，就是为了防止经济风险，获得未来的经济补偿或经济赔付。当遇到保险赔付时，保险公司却并没有达到您的意愿和预期，或者当您觉得受到不公甚至欺骗时，与保险公司发生纠纷，消费者该如何维权？如何联系监管部门？

消费者从购买保险到最后的理赔，全流程中的许多环节都可能遇到纠纷，不管是销售误导投保后要求退保，还是理赔时出现"拖赔""少赔"和"拒赔"，都是有办法解决的。

消费者既可以向承保保险公司的客服部门反映，也可以向其上级单位反映，还可以向消费者协会、保险行业协会反映。遇到较为严重的纠纷事件时，还可以向专门的保险监管部门投诉，向当地市场监督管理局投诉，必要时还可以通过媒体曝光来解决。具体实操中有如下几类投诉情形。

投诉保险代理人

若是出现保险代理人导致的保险纠纷，比如销售误导、代签名导致投保损失。消费者可以向保险公司投诉或者向保险行业协会投诉。

投诉保险公司

若出现保险公司我们难以理解的拒绝退保、拒绝赔付、少赔、拖赔等情况，我们有多种方式直接投诉保险公司。

消费者可以向保险公司的上级单位直至总部投诉；如果通过投诉到保险公司总公司仍然不给予解决，可以直接向当地保险监管部门投诉。

近年来，银行保险监管部门开通了"12378"银保监会维权投诉电话，全国保险消费者可通过此热线进行投诉维权。同时，各地也经常开展银保监局局长接待日活动。不断丰富保险纠纷调处机制，包括"信、访、电、网"等渠道在内的消费者投诉维权途径正不断完善。

保险公司的行为是市场经营行为，必须符合市场监督管理局的监管要求。保险消费者也可以通过当地市场监督管理局进行投诉维权。

保险消费者还可以向当地消费者协会投诉，维护投保人、被保险人或受益人权益。

我国还将每年 7 月 8 日确定为"全国保险公众宣传日"。除了 315 国际消费者权益日之外，"全国保险公众宣传日"也是消费者保险维权的有利时期。

• 要点总结 •

　　买保险过程中或理赔时遇到纠纷不必着急，找对的管理机构做对的事。认为是保险代理人的问题，可以向承保保险公司或保险行业协会申请解决。认为是保险公司的问题，可以向保险公司总公司说明情况，可以向银保监会、市场监督管理局或当地消费者协会投诉解决。

门诊与住院医疗保险的理赔流程

赔付是消费者拥有保险保障的唯一目的，门诊与住院医疗保险理赔流程要记牢。出险之后，理赔申请人或委托人带齐相关资料到当地社会保险局、医疗保险局提出申请。

办理理赔所需材料有：

身份证或社会保障卡的原件。

医院开具的诊断证明原件。

门诊病历、检查、检验结果报告单等就医资料原件。

医院门诊收费收据原件。

医院电脑打印的门诊费用明细清单或医生开具处方的底方原件。

定点药店开具的正规药品销售发票及电脑打印清单原件。

经审核，资料齐全、符合条件的，就可以及时办理。社会保险门诊医疗理赔被保险人本人因身体原因无法到场，可以由家属代办理，带上代办人身份证原件即可。

实际上，社会保险门诊医疗费用报销现在已经变得非常简单，如果不涉及异地结算问题，消费者生病治疗时可以直接通过社会保险卡到正规医院就医，费用结算时，医院电脑系统会按比例自动报销相应的挂号费及医疗费用。

社会保险住院医疗保险理赔流程

入院或出院时都必须持医疗保险 IC 卡到各定点医疗机构医疗保险管理窗口办理出入院登记手续。参保人员住院后统筹基金的起付线；出院时，医院会按照相关政策计算医疗保险报销金额和个人应该自付的金额。如果是异地住院就医，在就医医院报销完住院费用部分后，出院后的一周内到就医医院综合服务柜台打印全部门诊病历，回社会保险参保地报销门诊费用。

团体补充医疗保险是企业为职工向保险公司投保的一种职工福利计划。各家承保公司的报销流程大同小异。职工申请理赔时，既可以直接在保险公司提供的医疗报销系统上，直接提供资料信息自助办理理赔报销事宜，也可以由保险公司团险部理赔专员到单位，在单位人力资源部门的配合下收取职工理赔资料，办理报销理赔手续。

报销时需提供的资料包括：补充医疗保险理赔申请书、申请书上主要填明看病时间、要报销的金额明细、银行账号和员工个人签名；门诊或住院病历、检查、检验报告单等就医资料原件；医院收费收据原件、费用明细单。

团体商业补充医疗保险一般报销的是社会保险报销之后的挂号费、自费1的部分，自费2不予报销。

消费者一旦发生保险合同约定内的医疗赔案时，需要及时报案。最好的办法是第一时间直接致电保险代理人，由保险代理人代为办理报案等理赔手续。

● 要点总结 ●

门诊与住院医疗保险理赔流程包括社会保险医疗保险和商业医疗保险两种情形，一般是先报社会保险、再报企业补充医疗保险、最后报销商业医疗保险。

每一类理赔报销，流程大同小异，医院诊断证明和原始医疗票据是最重要的两大理赔凭证。要学会用好保险代理人的售后服务，请专业人士为自己代办理赔，既方便、又快捷，还能得到最大范围和最大比例的赔付。

后　记

25 年前结缘保险，不曾想，保险竟成了我一生的志业。

24 年前，我考取了武汉大学保险与精算系的研究生，毕业后，我一直在保险行业深耕，从一名基层从业人员历经营销服务部、中心支公司、省级分公司等各个层级直至保险公司总公司高管。在漫长的保险职业生涯中，我目睹并亲历了保险业的发展和变迁，深切体会到了保险带给千家万户的风险保障，我本人也从一名保险行业人士，蜕变成了一名虔诚的保险宣传者。

市面上有关保险的书籍不少，这些书要么是保险院校的教授编写的学术读物，要么是做培训工作的讲师编写的保险培训教材，真正保险专业学校出身、长期在保险一线工作的著书立说者微乎其微。

保险市场需求那么大，不懂保险的消费者那么多，我强烈地感受到肩上的责任重大，以至于我内心一直有一个愿望——写一本给广大保险消费者看的书，指引他们正确买保险。在此动力的驱使下，本书应运而生，挚爱出版工作、热忱专业的史守贝老师促成了本书的问世。

从动笔写作到完成初稿、再到史老师给我建议稿，直至今天完成全书的修改，历时整整两年。本以为我能在很短的时间内完稿，因为书中每一章节的内容都是我日常工作和思考的结晶，书中的每一段内容我都成竹在胸，但到了真正撰稿的时候，我发现每一段落的表述要做到浅显易懂，并非易事。保险毕竟是一门自然科学与社会科学的交叉学科，专业术语很多，同样的一个意思，我必须力求用消费者能看得懂、悟得通的词语加以表达，做到最精准而贴切的阐述。史老师一再叮嘱我本书的目的是帮助广大消费者，让他们在买保险的时候明明白白买保险，让读者能够真正从中受益，这更让我坚定了对自己写作上的严格要求。

陈东升博士作为"92派"企业家代表，他创立的泰康保险集团拥有80万位保险代理人。他们正服务着全国各地的千家万户，正将保险与医养产业相结合推向纵深。陈东升博士还是中国精算师协会会长，保险产品由精算师设计生产，请中国精算师协会会长为本书作推荐，造福广大保险消费者，恰如其分。

感谢中国保险精英圆桌大会（CMF）创始人、《保险之星》杂志社社长林海川先生；感谢高等教育出版社编审、首席编辑，中国陶行知研究会研究员，胡润国际学校百强排行榜评审专家周俊华先生；感谢中国太平人寿保险公司北京分公司区域总经理程云松先生；感谢美国人寿保险管理师、亚洲著名保险经理人、原友邦中国区副总裁、原北京中意人寿总经理谢树锦先生；感谢著名保险营销激励大师，原生命人寿高管、原北京保险学会秘书长于文博先生；感谢中国人民大学新闻学博士、中央广播电视总台高级编辑赵先权先生；感谢东方大地保险经纪公司总经理杨晋先生……他们在百忙之中细读稿件，不仅给了我很多建议，还热情推荐本书，在此一并感谢。

我还要感谢我的妻子——中央广播电视总台高级编辑范丽女士，她在我写作的过程中给予了很多框架上的建议，并且在我晚上笔耕的时间里，承担起了照顾孩子和辅导孩子作业的全部重任。感谢我的孩子，在无数个夜晚，给了我持续前行的动力。

嘉兴学院商学院王卫彬、中国太保人寿保险嘉兴中心支公司苏葳、中国银行北京怀柔支行毕文莉、北京协和医学院戴国琳参与了部分书稿的撰写，在此表示感谢。

保险是阳光下灿烂的事物，照耀着千家万户，在风险来临之际，为需要的人们"雪中送炭"。本书付梓之际，我的保险学研究生导师、毕生研究保险的武汉大学教授魏华林先生因病仙逝，我辈继承先辈衣钵，传承保险之于国计民生的巨大价值与功用，颂扬人寿保险的爱与责任，不负天下苍生。

何四炎

2021 年 7 月于北京

图书在版编目（CIP）数据

这样买保险不吃亏：保险行家手把手教你买对保险 /
何四炎著. — 杭州：浙江人民出版社，2022.3
　　ISBN 978-7-213-10416-9

　　Ⅰ．①这…　Ⅱ．①何…　Ⅲ．①保险－基本知识－中国
Ⅳ．①F842

　　中国版本图书馆CIP数据核字（2021）第252026号

这样买保险不吃亏
——保险行家手把手教你买对保险

何四炎　著

出版发行　浙江人民出版社（杭州市体育场路 347 号　邮编：310006）
　　　　　　市场部电话：（0571）85061682　85176516
责任编辑：陈　源
营销编辑：陈雯怡　赵　娜　陈芊如
责任校对：杨　帆
责任印务：刘彭年
封面设计：红杉林文化
电脑制版：济南唐尧文化传播有限公司
印　　刷：浙江新华印刷技术有限公司
开　　本：710 毫米 ×1000 毫米　1/16　　　印　　张：14.25
字　　数：218 千字　　　　　　　　　　　插　　页：2
版　　次：2022 年 3 月第 1 版　　　　　　印　　次：2022 年 3 月第 1 次印刷
书　　号：ISBN 978-7-213-10416-9
定　　价：68.00 元

如发现印装质量问题，影响阅读，请与市场部联系调换。